Comparar
o incomparável

MARCEL DETIENNE

COMPARAR
O INCOMPARÁVEL

IDÉIAS &
LETRAS

DIRETORES EDITORIAIS:
Carlos Silva
Ferdinando Mancílio

EDITORES:
Avelino Grassi
Roberto Girola

COORDENAÇÃO EDITORIAL:
Elizabeth dos Santos Reis

TRADUÇÃO:
Ivo Storniolo

COPIDESQUE:
Mônica Guimarães Reis

REVISÃO:
Elizabeth dos Santos Reis

DIAGRAMAÇÃO:
Alex Luis Siqueira Santos

CAPA:
Reginaldo Barcellos

Título original: Comparer l'incomparable
© Éditions du Seuil, janeiro 2000
ISBN 2-02-036139-6

Todos os direitos em língua portuguesa, para o Brasil,
reservados à editora Idéias & Letras, 2004.

IDÉIAS & LETRAS

Editora Idéias & Letras
Rua Pe. Claro Monteiro, 342 - Centro
12570-000 Aparecida-SP
Tel. (12) 3104-2000 — Fax (12) 3104-2036
Televendas: 0800 16 00 04
vendas@ideaseletras.com.br
www.redemptor.com.br

Dados Internacionais de Catalogação na Publicação (CIP)
(Câmara Brasileira do Livro, SP, Brasil)

Detienne, Marcel
Comparar o incomparável / Marcel Detienne; [tradutor Ivo Storniolo].
– Aparecida, SP: Idéias & Letras, 2004.

Título original: Comparer l'incomparable
Bibliografia.
ISBN 85-98239-24-0

1. Antropologia – Método comparativo 2. Etnologia – Método comparativo 3. História – Método comparativo I. Título.

04-6788   CDD-909.04

Índices para catálogo sistemático:

1. Antropologia e história: Comparativismo construtivo 909.04
2. História e antropologia: Comparativismo construtivismo 909.04

*Ao mar azul
de Ossia*

Sumário

Prefácio:
Para um comparativismo construtivo.
Entre historiadores e antropólogos — 9

I. Se por acaso um antropólogo encontrar um historiador — 17
  "Forasteiro no meio de todos" — 19
  Entre gregos e americanos — 22
  A acne da Nação — 26
  Os sem-escritos, os sem-História — 29
  São Marc Bloch — 32
  Como escrever hoje a História da Inglaterra? — 34
  E na Alemanha? — 36
  Para uma sociedade historiadora mais justa e mais igualitária — 38
  Trabalhar junto — 41

II. Construir comparáveis — 45
  O singular-plural — 46
  O choque do incomparável — 49
  A arte de amoedar — 52
  Mecanismos de pensamento — 56
  Entre a autoctonia e a refundação — 58
  Para que comparar? — 63

III. Colocar em perspectiva os regimes de historicidade — 69
  "Desconfiar da História" — 70
  Memória e pensamento historiador — 74
  As figuras da mudança — 76
  As cores do passado — 81

Um obstáculo para pensar o passado como coisa diferente do presente: Homero — 85
Trabalhar para si mesmo — 90

IV. Experimentar no campo dos politeísmos — 93
  "O fato da estrutura" com Georges Dumézil — 95
  Os dois modelos de Zeus — 99
  Os limites de "como um deus intervém" — 102
  Partir das reuniões de deuses — 107
  Os "reativos": objetos concretos — 109
  Entre o pé de Apolo, as passadas de Hermes e o pedestal de Posídon — 112
  A casa de Delfos em sua intimidade — 115
  Manipulai, fazei reagir! — 118

V. Das práticas de assembléia às formas do político. Abordagem comparativa — 121
  Múltiplos inícios — 121
  Práticas concretas — 123
  As questões comuns — 124
  Modelar um lugar de palavra — 128
  Uma democracia inventada na África — 130
  Reunir-se e dar forma à res publica — 132
  Notários, escribas, mensageiros: modo de publicidade — 136
  Escrever a lei, fazê-la falar — 138
  Lugares de igualdade e tipos de homem — 142

Prefácio

Para um comparativismo construtivo.
Entre Historiadores e Antropólogos

Não há nada que o espírito humano faça tão freqüentemente como comparações. Bernardin de Saint-Pierre diz isso a propósito. Para o senso comum, comparar é um verbo muito estimulante. Ele acompanha o olhar do freguês, anima o olho do crítico. Discernir não é imediatamente estabelecer analogias, entrever razões, esboçar raciocínios? Além disso, no ato de comparar há algo do comparativo por capilaridade gramatical. Uma apreciação, uma estimativa, um julgamento de postura e, de imediato, um primeiro julgamento de valor como o que se aloja na fórmula quase proverbial "só se pode comparar o que é comparável". Ela não implica uma primeira opção no espírito do observador que declara "comparável" uma coisa, uma situação, uma pessoa que cai sob seu olhar? Como decidir de antemão o que é comparável, a não ser por um julgamento de valor implícito, que parece já afastar a possibilidade de construir o que pode ser "comparável"?

Quando um estudioso opta por fazer anatomia comparada, ele não começa fazendo um julgamento de valor sobre os diversos órgãos que pretende considerar em todas as espécies animais. Um lingüista que trabalha em uma gramática comparada, seja a das línguas do Cáucaso ou do mundo indo-europeu, para estabelecer traços específicos recorre tanto à morfologia como à fonética, e também ao vocabulário. Ele seria ligeiramente ridículo caso chegasse a dizer que "só se pode comparar o que é comparável". Um historiador usa isso sem a menor preocupação. Além do mais, desde a década de 20, do séc. XX, os historiadores mais reputados se regozijam de retomar a fórmula, embora ela proíba a comparação além do círculo estreito do imediatamente "comparável", um horizonte restrito à opinião dominante de um meio e de um saber garantido de antemão diante do que é incomparável. Nenhum antropólogo recorre a tal provérbio. A fórmula pareceria incongruente até na boca do mais encarniçado defensor de seu "terreno" ou de sua concessão.

De um campo do saber ao outro, o senso comum não é o mesmo. Sem hesitar, parti do que acontece na França há mais de um século. No gênero – e se verá qual –, não creio que exista algo melhor em outro lugar. É igualmente aí, em Paris e no Quartier latin, que comecei a "fazer comparativismo" entre os anos 60 e 70. A atividade comparativa é consubstancial ao saber antropológico. Na "ciência histórica", ela é sempre insólita, rapidamente inquietante, principalmente quando ela quer ser construtiva e experimental e, ao mesmo tempo, um exercício comum aos historiadores e aos antropólogos. No séc. XIX, nos primeiros esboços do que Tylor chamava de "ciência das civilizações", os antropólogos puseram em ligação não relações imediatas, mas conjuntos de relações, previamente depreendidas em cada cultura pela análise interna. Enquanto isso, os historiadores, em primeiro lugar os franceses, soberbamente indiferentes a tudo o que representava a Etnologia – cultivada em regiões distantes como a Inglaterra ou a América –,entregavam-se apaixonadamente ao conhecimento daquilo que lhes parecia marcado com o selo do Incomensurável: a Nação, a deles. Dentro do domínio quase ilimitado das sociedades humanas, que pertence de direito à Antropologia e à História, antes que esta última se tornasse "ciência" e "nacional", os historiadores, uniformemente, a partir de 1870, irão edificar a fortaleza do Incomparável. De um e do outro lado do Reno, em uma Europa então rica e poderosa em escala mundial, os Nacionais inventam uma "ciência histórica", destinada a forjar a identidade de uma raça e de suas forças de terra e de sangue. As sociedades sem civilização ou sem escritura passaram para a trapa. Caso trate-se de comparar, será sobre o modo de "Nós temos... Eles têm...", com a condição de que o segundo termo designe a Nação com a qual se confronta e que se torne entendido que "Nós" recebemos a melhor parte na herança. Os comparativistas de passagem são logo abatidos, sem intimação. Por outro lado, eram contados com os dedos de uma só mão, como os etnólogos, administradores ou viajantes, esses medíocres que não tinham direito às cátedras ou sequer aos bancos da Universidade.

Pareceu-me urgente informar ao antropólogo, este recém-chegado na Ilha-da-França, que era o historiador que eles tinham em sua frente, por que os melhores deles, ontem como hoje, iam embora, repetindo: "Só se pode comparar o que é comparável". Também penso, sem ilusões, que é tempo de pleitear, de escrever um manifesto, de mostrar concretamente como o exercício comparativista exige trabalhar junto; ele convida a amealhar as categorias do senso comum, a construir comparáveis que jamais são imediatamente dados e que não visam de modo algum a estabelecer tipologias como também a levantar morfologias. Compreende-se que um historiador da Idade Média, um sinólogo, um indianista, teriam podido muito bem empreender um comparativismo construtivo entre historiadores e antropólogos. Todavia, por que um "helenista", quando o helenismo nobre, como sabemos, prefere deixar livre curso ao julgamento de valor e à exaltação do Incomensurável? Nem sempre foi assim – recordemos. A civilidade da Grécia antiga, desde que foi percebida em seus traços mais importantes, entrou no campo da comparação aberta. Desde o séc. XVI, o grego e o americano conversam: mesmos relatos fabulosos, costumes tão próximos. A aparição de um questiona os inícios do outro. Os primeiros antropólogos, os novos, os da segunda metade do séc. XIX, sempre quiseram fazer uma Antropologia em que os gregos e as sociedades antigas teriam um lugar ao lado das outras civilidades. Se a Grécia foi declarada "incomparável", foi sob a pressão de Nacionais impacientes de reservar para si a herança de Platão, de Homero e do Ocidente como suplemento.

Sob a influência da Antropologia social, introduzida na França por Claude Lévi-Strauss, nos anos 70 historiadores da Idade Média e das sociedades antigas puseram em público programas de Antropologia que se diziam de bom grado "históricos" de tal cultura, ou até de tal objeto, sem se inquietar muito de serem "comparativos". Vi helenistas como Moses I. Finley ou Jean-Pierre Vernant partirem decididamente para colocar em perspectiva sociedades separadas pelo tempo e pelo espaço e, alguns anos mais tarde, voltar à cidade, a fim de, sem dúvida, comparar melhor os gregos com os gregos. Historiadores pegos na armadilha da especificidade de uma cultura que se fecha como ostra? Comparativistas da primeira hora, tentados de se instalar onde as vantagens e as honras já haviam sido adquiridas? Sem dúvida, deve-se a eles ver florescer aqui e lá "Antropologias" locais, do banquete na Grécia ou do parentesco em Roma, maravilhados por descobrir ora novos aspectos, ora objetos inéditos. Por trás deles, muito freqüentemente, surgem Antropologias da Grécia em que estamos seguros de jamais deixar a terra grega e sequer os arredores imediatos da Acrópole e de seus turistas. Propondo, há mais de 70 anos, comparar sociedades limítrofes e contemporâneas no âmbito da Europa medieval, Marc. Bloch ainda hoje aparece como inovador nas águas mornas dessas Antropologias para historiadores indiferentes a qualquer comparativismo heurístico.

Há alguns anos, para ultrapassar o projeto consensual de uma leitura global e à distância do mundo grego interrogado em suas grandes instituições e em seu inconsciente histórico, eu havia lançado um "Fazer Antropologia com os gregos". Não são eles excelentes operadores? Com a condição de fazer disso um uso experimental, quer se trate da escritura e de seus efeitos intelectuais, entre o Egito, a China, a África e a Grécia; ou então, se for questão de pensar os lugares do político, pondo em observação umas com as outras as configurações do político-religioso, do teológico-político, ou do político-ritual em tantas sociedades antigas, arcaicas ou pré-industriais. Em 1992, quando Yves Bonnefoy apresentou esse projeto ao Collège de France sob a forma prudente de uma cadeira de Antropologia comparativa da Grécia antiga – foi criada com dois votos apenas –, os helenistas acadêmicos denunciaram logo o deplorável conluio da Grécia com a coisa comparativa. "Os gregos não são como os outros" – devo repeti-lo? Comparar os gregos com os gregos não só não incomoda ninguém, mas vai no sentido dos historiadores naturalmente amorosos da Nação e que sabiamente se apegam à herança das disciplinas. Sim, honra à instituição, respeito pelos guardas alfandegários, passaporte em dia, e o resto vem por si: ser reconhecido em sua profissão, decorações, academias, enobrecimento. Sedutor, para uma demissão dificilmente notada.

Os terrenos para um comparativismo construtivo não faltam. Deles reservo três ou quatro entre os canteiros abertos em 15 anos. Projetos em curso, sem dúvida. O primeiro, que poderia ocupar mais a atenção de filósofos e de historiadores, se desdobra em torno da questão: o que é um lugar, o que é um sítio? Como se estabelece um território? Bastaria enumerar cinco ou seis sociedades para descobrir as dissonâncias de uma cultura para a outra e começar a se perguntar, entre historiadores e antropólogos, o que quer dizer fundar, traçar um caminho, ter raízes ou fazer de um lugar um não-lugar. No horizonte deste primeiro percurso comparativista, há "A Terra e os Mortos", uma configuração que espera seus experimentadores entre Barrès-Vichy e o totalmente novo "francês de cepa", de um lado do tempo e, do outro, o ateniense puro, com sua autoctonia palpitante pela aproximação desses ameríndios que apareceram para apagar toda pegada de seus passos sobre aquilo que parecia um território.

Segunda pesquisa, também ela prometida a um belo futuro: a historicidade e seus regimes, tão variados desde que se corra o risco de ver se afastar a margem da historiografia ocidental em linha reta. Entre o Japão, o mundo védico, Israel e Roma com seus Pontífices, o que significa o passado? O que quer dizer a mudança? Como chegamos a nos convencer de que existe um "saber do passado em si"? A historicidade de uma cultura dominada pelo saber divinatório não se compõe necessariamente dos mesmos elementos que a de uma sociedade que valoriza as rupturas e as mudanças radicais.

Outro reconhecimento: práticas de assembléia, as que modelam aqui e ali lugares do político. Fugindo do Estado e do poder, trata-se de observar maneiras inéditas de deliberar em comum as questões do grupo, em culturas de um outro lugar assim como nas sociedades do passado: seja na Etiópia do Sul, hoje; nas fundações dos cossacos do séc. XV ou no espantoso laboratório das comunas italianas entre os séculos XI e XIII. Poderíamos duvidar disso: os começos são múltiplos; as práticas concretas, decisivas para dar forma a um espaço público, ao político que não está seguro de sua autonomia. Que uma forma de democracia tenha sido inventada nas montanhas da Etiópia, eis o que permite pensar "o político" à parte da via expressa que liga a Atenas de Péricles com a Revolução de 1789 ou a outras não menos radicais. Cada vez, o domínio do comparativismo, que dá a si mesmo a liberdade de construir, abre-se às culturas e às sociedades mais interessantes de pôr em jogo, cada uma delas propondo uma experiência já feita e certo número de variáveis das quais é fácil reduzir o número ou de agrupar as que são da mesma espécie.

Por fim, temos os politeísmos com suas assembléias de deuses, o tecido cerrado de poderes entrelaçados, as práticas constitutivas que recobrem o conjunto das atividades sociais e sustentam os relatos da mitologia. Na Índia, no Japão, na África, mas também nas culturas antigas, no Egito, na Mesopotâmia, no mundo grego ou azteca, os sistemas politeístas esperam os analistas comparativistas, prontos para fazer o levantamento de todas as posições ocupadas por uma divindade, um gênio ou um poder, mas principalmente decididos a se entregar ao jogo da experimentação. Impossível construir comparáveis sem experimentar. E os conjuntos politeístas convidam a um grande número de manipulações. Convicto de que os poderes devem se definir pelo conjunto dos lugares que podem postular, o analista não tem dificuldade de colocar entre parênteses os traços individuados desses gênios ou divindades. Sempre haverá tempo de voltar a isso mais tarde. O mais urgente é focalizar-se sobre objetos, gestos, situações que ele irá utilizar como reativos entre poderes, ora emparelhados em casais ou em grupos constituídos, ora combinados pela ocasião da manipulação. O essencial é fazer reagir um poder, isolado ou coordenado, a uma série de objetos concretos, de gestos significativos ou de situações agrupadas no espaço cultural de uma sociedade politeísta. Trata-se, muito simplesmente, de ver o que acontece. Fazer reagir para descobrir um aspecto desapercebido, um ângulo insólito, uma propriedade escondida. Sem ter medo de desordenar a História ou de zombar da cronologia. O jogo vale a pena: o comparativista experimentador se dá assim a liberdade e o prazer de desmontar e de remontar lógicas parciais de pensamento. Tudo é de proveito para o antropólogo e seu compadre, o historiador.

Johns Hopkins – Pisa
1998-1999

I

SE POR ACASO UM ANTROPÓLOGO ENCONTRAR UM HISTORIADOR

O olho do comparativista é espontâneo, qualidade que será trans-formada em seu primeiro defeito. Pouco importa: seu olhar deve ser vivo e principalmente divertido. As pálpebras pesadas sobre o olho fixo autenticam a seriedade do historiador nacional, encarregado de pesquisas sobre a identidade dos tupi, ou dos ingleses cerrados contra os escoceses e os irlandeses, e – por que não? – os franceses da França, tão abandonados nestes últimos tempos. Aproveitemos essa abertura para lançar um olhar em direção do pequeno bando de aventureiros da "História perfeita".[1] Nenhum prurido de genealogia. É o tempo em que Michel de Montaigne passeia cético, sem diploma. Os humanistas têm a idade de Rimbaud, a insolência de Lautréamont. Eles inventam a polimorfia dos antigos, a mestiçagem dos gregos e dos romanos, lançando os subalternos aos pés dos grandes, indiferentes ao culto daquilo que outros chamarão com arrogância de grandeza do antigo. Ao mesmo tempo, surgem diante deles, das praias do Atlântico sobre o outro lado, humanidades inteiramente novas e coisas inauditas que fazem soçobrar todas as escalas de semelhança. Nenhuma era de ouro em vista, nem a bombordo nem a estibordo, mas um século, o XVI sob nossos dedos de estudantes escolares, e com ele um grande sopro de primavera, de renovação com as

---

[1] Parabéns pelo belo livro de George Huppert, *L'idée de l'histoire parfaite* (1970). Paris, Flammarion, 1973. Mais recentemente, a obra de Philippe Desan, *Penser l'histoire à la Renaissance*. Caen, Paradigme, 1993.

cores de Botticelli, e os historiadores, como as outras espécies sapientes e artistas, colocando-se a escrever e a pensar o que irão chamar entre si de uma História nova. Todavia, no quê? Oh, eles são eruditos, leram tudo, são doutos, hábeis a fazer seu mel das pesquisas dos antiquários, desses curiosos de tudo e de nada, desses obsessivos meio-poetas, meio-pedantes. Dado importante: são juristas de formação,[2] pessoas de Parlamento, esse lugar de lazer e de reflexão cujos representantes não tinham então outra tarefa pública do que a de dirigir ao Rei, de tempos em tempos, advertências tão discretas quanto vãs. Esses intelectuais de túnica, e longa, têm por nomes Jean Bodin, Henri de La Popelinière, Étienne Pasquier; eles amam a Filologia da mesma forma que os costumes e as instituições. Eles aspiram os aromas e degustam os sabores das civilizações e das culturas, antigas e novas, as províncias da Itália, a terra Ática, as montanhas da Arcádia, as cidades dos antigos reinos efervescentes de tradições feudais e de costumes dificilmente caídos em desuso. Ao passo que de todos os lados, pelas rotas do mar e pelas embocaduras do oceano, chegam com o ouro e as especiarias os relatos maravilhosos sobre seres vivos, parecidos com humanos, com pele e fala até então desconhecidas. O domínio dos usos e dos costumes, já tão rico antes do nascimento de Michel de Montaigne, conhece repentinamente a enchente desses homens selvagens, carregados de plantas e de espécies abandonadas nas cavidades da arca de Noé. As formas de civilidade do homem americano confluem com os usos da "república gaulesa" e as estranhas civilizações contadas em Plutarco.

Descoberta de uma outra História, os deuses estão lá! O passado navega glorioso sobre as águas do presente. Ainda não

---

2 Cf. George Huppert, *op. cit.*, p. 27-30 e *passim*.

se acredita que ele seja este grande corpo enrijecido, morto para sempre e pesado com a dívida infinita dos vivos. E o presente se encontra ébrio do Novo e do Antigo Mundo. Não é insignificante que os juristas-historiadores, treinados por Pasquier,[3] concordem em "considerar como proposição indubitável que todas as pessoas nascem livres". Eles também têm um gosto muito acentuado para os debates sobre os assuntos do Estado. Para eles, a História deve ser "geral sobre as coisas mais notáveis, tanto humanas como naturais".[4] Esses historiadores, evidentemente, não crêem, como os historiógrafos do rei, que o curso da História humana obedeça aos desígnios da Providência. A História nova é secular, ela nada vigorosamente em plena corrente. Os teólogos são cortesmente convidados a permanecer em terra seca.

"Forasteiro no meio de todos"

Há no ar como que uma felicidade de "História realizada" – é uma idéia de La Popelinière, o mais entusiasta da companhia.[5] Jean Bodin dava ao *philosophistoricus* uma palavra de ordem: explicar o homem em seus costumes, em suas civilidades sucessivas, em sua capacidade de produzir universos culturais. Uma História universal, não no sentido católico, mas alegremente utópico e pronto para ver as civilizações cintilarem como estrelas sobre as vagas da noite. Até onde La Popelinière

---

[3] Corrado Vivanti, *"Les Recherches de la France d'Étienne Pasquier"*, em Pierre Nora (ed.), Les Lieux de mémoire, II, La Nation, 1. Paris, Gallimard, 1986, p. 215-245.
[4] Corrado Vivanti, *loc. cit.*, p. 238.
[5] George Huppert, *op. cit.*, p. 141-156. "Forasteiro no meio de todos" pertence a La Popelinière (cf. Corrado Vivanti, *op. cit.*, p. 239) prescrevendo belamente que o historiador viva "sob suas leis e forasteiro no meio de todos".

teria ido, ele que desejava intensamente uma História geral que seria "a representação do todo"? Ele envia a Scaliger, Joseph Juste de la Scala, que permaneceu célebre em seus "aparatos críticos" de Budé à coruja, uma carta que é preciso ler com os historiadores que têm mil vezes razão de reproduzi-la,[6] caso se queira apreender "a idéia da História perfeita", como diz George Huppert, traduzido pelos Braudel. 4 de janeiro de 1604: nada pode melhor "solidificar" o julgamento do historiador "do que a viagem e a cuidadosa observação dos países estrangeiros, a fim de nos aproximarmos da perfeição da História". Quais países? Depressa! Os povos das Ilhas, as costas da América, da África. O caminho para tais lugares é praticado por terra e por mar, há cem anos, e ninguém parece "ter empreendido uma viagem para tal fim que tão louvável desígnio mereça, ou seja, um bem comum, pois os homens, particularmente, de selvagens e afastados que dizem ter sido, pouco a pouco se tornaram sociais e unidos por diversos laços de relação humana [...]. Seria necessário, portanto, deixar de lado todo o conhecimento dos homens, tanto dentro como fora [...]. É por isso que, descontente pelo fato de que ninguém em nosso tempo empreenda tão alto projeto, eu vos comunico meu desejo de ir e realizar isso, se e como o achardes bom. Ouço dizer, se há um meio de se acomodar com vossos holandeses, que lá irão de ano em ano e por este tempo". O navio não partirá. La Popelinière consolar-se-á "com um belo desejo e uma louvável tentativa de fazer o que um outro não quis empreender". A seguir, será preciso esperar muito tempo para ver um historiador desejar tão ardentemente se tornar etnólogo, com a intenção de conhecer e de compreender outras e novas civilizações.

---

6 Primeiro Corrado Vivanti, em 1962 (cf. a nota 37, p. 245 de seu artigo citado), depois George Huppert, *op. cit.*, Apêndice II, p. 201-203.

Evoco esse tempo inaugural da imaginação comparativa como a paisagem para a qual freqüentemente voltei no decorrer dos anos em que me habitou o projeto de um comparativismo construtivo entre historiadores e antropólogos. Para encontrar na companhia dessas três ou quatro figuras inspiradas um pouco da leveza desses amantes da História perfeita. Sem me inquietar que este seja um começo garantido sob o olhar severo da genealogia. Da imaginação para arquitetar a comparação de civilizações, há grande necessidade e, sem dúvida, os Reformadores nisso ajudaram, fazendo dançar o teto de São Pedro, quebrando mais de um vitral da catolicidade romana, estilhaçando a religião em mil seitas e heresias tão vivas quanto as chamas do inferno, obrigando a cada dia uns e outros a comparar as crenças, abrindo assim o caminho para aquilo que hoje se tornou uma coisa inata em nós: a crítica das tradições e de tudo o que nos é transmitido. La Popelinière – que era huguenote – escreve, em 1581, a História das guerras de religião na França desde 1550, colocando-se à distância, o que lhe valerá uma condenação por seus "erros", pronunciada diligentemente pela jurisdição huguenote de Paris. Com efeito, com o reflexo dos usos e a confusão dos costumes, a História nova se apraz em soletrar as figuras distintas da crença. A crítica, até na escrita do contemporâneo, é acompanhada pela experimentação. Saber-se-ia disso caso não se fosse leitor dos historiadores da Renascença? Na aurora do séc. XVI, o homem começa a se colocar de modo concreto o problema do homem, "começa a experimentar sobre ele mesmo".[7] Claude Lévi-Strauss recorda essas

---

[7] Fórmula que conservo de Claude Lévi-Strauss, "Les trois sources de la réflexion ethnologique", *Gradhiva*, 2, 1987, p. 37-41, em particular p. 38.

comissões formadas por religiosos, que alguns chamariam hoje de científicas, enviadas pela coroa de Castela para dirimir a questão de saber se os indígenas da outra margem do Atlântico eram "seres humanos dotados de uma alma imortal, ou simplesmente animais", seres a serem classificados à margem da espécie humana, vivos metecos ou parequos. Pesquisas que recorriam por vezes a experiências mais físicas do que as realizadas pelos experts em "História realizada", mas elas atestam a mesma vontade de experimentar sobre si da mesma forma que sobre os outros, distantes e próximos, mortos ou vivos.

Entre gregos e americanos

Colocar em perspectiva, confrontar sob ângulos variados, analisar diferentes sociedades de usos e de costumes – é a empresa que vão levar sem falsa boa consciência nem lágrimas demasiado puras de pessoas de túnica, jesuítas, huguenotes, acadêmicos de tinta fresca, com estratégias diversas e resultados desiguais, mas no mesmo espaço público de debate e de inteligência. Projeto de bela ambição que vão retomar e prolongar, ainda sem conseguir dar-lhe o estatuto de um saber, os membros da Sociedade dos Observadores do Homem. Precisamos ter paciência até o meio do séc. XIX para saber pelo correio da chegada à cátedra do saber etnográfico, a *Ciência da Civilização*, como Edward B. Tylor gosta de dizer. A Antropologia que se impõe chega depois da ciência da linguagem, mas quase ao mesmo tempo em que a ciência histórica. É a estação das ciências. Diversamente da última, e isso é importante, a ciência da civilização nasce comparativa, e já impaciente de comparar entre si as nações novas, com seus costumes e seus emblemas, altos em cor. Aparece um saber que se dá como objeto comparar as civilidades e, muito rapidamente, os costumes matrimoniais ao lado dos relatos da mitologia.

De início, a Antropologia dos grandes ingleses compreende todas as sociedades, sem, todavia, incluir nenhuma delas, *a fortiori*, as dos antigos. Seja Edward Tylor, Lewis H. Morgan ou Andrew Lang, os antropólogos da primeira geração estão familiarizados com Homero, ouvem os Trágicos, viajam com Pausânias, Heródoto e Plutarco. As mitologias de Higino, a biblioteca considerada como de Apolodoro, os relatos de Eliano fazem parte de sua biblioteca. Não é um modismo; eles não inovam, pois receberam esses livros como herança, junto com a prataria e as maneiras à mesa. No início do séc. XVIII, franceses como Fontenelle e Lafitau, e outros na Europa, gostam de fazer convergir os primeiros habitantes do Novo Mundo e os antigos que tão felizmente falaram dos primeiros tempos da Antigüidade.[8] Por volta de 1724, data em que Fontenelle, perpétuo acadêmico, publica "Sobre a origem das fábulas", no mesmo ano em que Lafitau, jesuíta de seu Estado, dá a conhecer seu ensaio sobre os "usos dos selvagens americanos comparados aos modos dos primeiros tempos", aparece uma espécie de Etnologia comparada que toma como objeto a atividade intelectual dos antigos e a dos "selvagens" da América por meio das fábulas e das mitologias uns dos outros. As semelhanças são surpreendentes, as analogias espantosas: qual é, então, a natureza das fábulas? O que é a religião em relação à mitologia? O que acontece com a razão, da qual fazemos tanto caso, sem talvez reconhecê-la nos outros?

---

8 Já insistimos nisso, com notas de apoio e mais vagar em "L'illusion mythique", cap. III de *L'invention de la mythologie* (1981), Paris, Gallimard, col. "Tel", 1992, p. 87-122.

Durante mais de um século, com Tylor e Morgan, os gregos e os iroqueses serão as cobaias mais pesquisadas para experimentar formas de pensamento no laboratório. Observando a estranha conformidade dos usos e dos costumes entre os antigos e os selvagens da América, Lafitau descobre que os gestos do sacrifício, as formas de abstinência, as cerimônias de iniciação são figuras que compõem aqui e lá "um conjunto de deveres". Uma mesma "religião civil" com suas práticas cultuais se estende do Antigo para o Novo Mundo; ela testemunha um estado mais ou menos contemporâneo da religião santa em sua origem adâmica. Se tão evidentes conformidades entre gregos e iroqueses aparecem a nossos olhos, é sem dúvida porque eles receberam como herança a religião da primeira gentilidade, ou seja, uma religião santa antes do cristianismo. Quanto às fábulas e aos relatos míticos, o jesuíta Lafitau sabe perfeitamente que estas são idéias carnais, que elas se desenvolvem com as paixões e com a ignorância, quando a religião civil do mundo adâmico começa a decompor-se. Fontenelle, que não é de modo algum religioso, por sua vez está convicto por suas luzes que as próprias fábulas atestam, aqui e lá, um só estado de pensamento fraco e até imbecil nos inícios do Novo e do Antigo Mundo. Entre gregos, cafras, iroqueses ou lapões, as fábulas, com suas quimeras, significam a ignorância de uma humanidade ainda na infância, mas já curiosa de perceber o mundo e seus fenômenos. A mitologia dos iroqueses é prova disso, assim como a dos gregos também mostra seus traços inegáveis. Acontece que tais relatos, de modo muito deplorável, insiste Fontenelle, transformaram-se em religião, ao menos na maioria dos povos. E a continuação vocês já sabem!

O primeiro saber antropológico não pode se despojar dos gregos fazendo parelha com os iroqueses. Com efeito, por meio destes povos – que ligam o Antigo Mundo ao Novo – colocam-se algumas das questões essenciais da nova disciplina: O que, então, é a religião? – questão que fará o Vaticano tremer e as Igrejas vacilarem. Que pensamento se aninha ou se esconde nas fábulas da mitologia espalhadas pelo mundo? Como o espírito humano chegou a falar a língua da Razão, a se voltar para a Filosofia, isto é, a descobrir um pensamento científico? Os gregos – que isso não os desgoste, pois isso me deixa mais triste do que a vocês – estão lá no meio da teia como se fossem sua aranha cristalina. Talvez estejam menos presentes em *A Civilização Primitiva*, quando Tylor procura pensar ao mesmo tempo os selvagens reunidos, as sociedades antigas e nossas próprias sociedades que são ainda mais observadas por seus traços distintivos do que invocadas por sua evidente superioridade. A ciência das civilizações parece anunciar um saber comum aos historiadores e aos antropólogos atarefados em classificar, em arquivar as novas culturas em relação às antigas, em ordená-las do simples ao complexo, conforme o modelo evolucionista. Não é, então, o mais novo horizonte de inteligibilidade? Muito depressa a classificação das culturas sobre a escala das mais primitivas às mais evoluídas irá ser feita conforme uma comparação dos valores. O comparativismo experimental dos primeiros antropólogos não resiste à pressão dos valores ocidentais que exigem a transmissão em linha direta da universalidade grega, com a exclusividade da Razão, da Ciência e o caráter incomparável do Milagre. Muito rapidamente as outras sociedades antigas são marginalizadas, não há lugar a não ser para precursores ou avalistas. Bem cedo as sociedades antigas do mundo greco-romano com Atenas como capital são interditadas de comparativismo. "Sentido único". Os helenistas, imediatamente conscientes do perigo que correram, irão multiplicar os avisos de interdição.

Serão logo tão numerosos quanto sobre o passeio à margem do lago de Genebra. Diante da civilização ocidental, quem serviria de contrapeso? A Grécia, declarada eterna, é posta numa redoma, colocada no vácuo; ela é urgentemente declarada como Patrimônio da Humanidade e confiada a guardas seguros, treinados cuidadosamente: os helenistas acadêmicos. Mumificação garantida. Parado! Não ultrapasse! Os vagabundos, os mendigos estão marcados há tempo – e o que é o comparativista, dizia Dumézil, senão um vagabundo que crê poder acampar sobre as terras dos príncipes e dos senhores? Destino irônico do "homem grego" (não há, porém, duas cabeças?): enquanto os antropólogos descobriam nas sociedades antigas um lugar privilegiado para ver como o antigo e o novo estavam combinados quimicamente em uma série de saberes e de formas de pensamento, as quais eram muito provavelmente partilhadas por outras culturas, mais ou menos ao mesmo tempo, a ciência das civilizações via-se roubada do direito de comparar os gregos com quem quer que fosse, mas principalmente com os iroqueses, os polinésios e outros povos que não são, evidentemente, qualificados como selvagens e primitivos por acaso.

A acne da Nação

Maio de 1872: "Que ninguém te detenha/Augusta retirada". A ciência histórica nasce mais ou menos ao mesmo tempo que a canção da mais elevada torre. Arthur Rimbaud os vê chegar. Eis os inventores do gênio nacional, com uniforme de historiador, dos dois lados do Reno. Ao assalto! "A Humanidade expulsava o vasto menino Progresso". A Inglaterra é uma ilha. Edward B. Tylor sabia que no continente a História se tornava ciência, nos arredores da aldeia "Alsace-Lorraine", e que ela, a jovem e bela História, tinha a alma nacional? Sem dúvida, Hume havia terminado sua *História da Inglaterra* em 1762; porém, no decorrer do séc. XIX, sobre os mares e nos oceanos, os etnógrafos ingleses vão explorar as terras novas, a Austrália, a Nova Zelândia e ainda a Polinésia, a Índia e Bornéu. Como no séc. XVIII, a observação e a comparação caminham de acordo. É entre a Alemanha e a França, em guerra, em conflito armado e em sua rivalidade até nas recaídas da Primeira Guerra Mundial, que se forja o modelo de uma História como ciência do passado em si. O passado é de início nacional. Honra aos nacionais. Sim, é bom distinguir dois modelos da Nação:[9] um, revolucionário e cheio de loucura, exaltava a Nação que desenraíza, a Nação que nega a pertença a uma só tradição, o apego a uma só terra, a dos antepassados. Ao passo que a outra, com Herder, o lúgubre visionário, soava a carga da Nação há muito tempo vitoriosa: a Nação pesada, com seus "preconceitos úteis", forte, graças a seu culto cotidiano de uma língua vinda do fundo das eras, com seu gênio e com o absinto de suas forças nativas. Assim era ela: a Nação embriagada de sangue e de terra natal. A Alemanha nisso corta largamente sua porção: seu profeta tinha horror de Rousseau e do universalismo dos jacobinos; a ciência germânica da História objetiva, com o inesquecível Ranke, abre o caminho à infantaria dos historiadores franceses, treinados pelos subtenentes Lavisse e Monod. Na França dos anos 70, o nacional não conhece fronteiras: ele ocupa a História inteira.

Nenhuma ciência da civilização, em Paris ou na província, reclama para o historiador um reino mais vasto que a estreita

---

9 O que faz de modo excelente Alain Finkielkraut, *La défaite de la pensée*, Paris, Gallimard, 1987, p. 22-51.

faixa de uma nação, mesmo que ela tivesse nascido de mil e uma terras. Enquanto a França do séc. XIX se enriquece imensamente com vastas colônias nas Caraíbas, sobre a Costa do Marfim, na Nova Caledônia, em Madagascar, a etnografia, tão ativa nas outras regiões da Europa, é inexistente na metrópole. Marcel Mauss faz essa descoberta perturbadora em 1913, ao mesmo tempo em que a constatação, essencial para compreender as relações entre a História e a Etnologia, da ausência completa de cadeiras de ensino e de institutos de pesquisa para a etnografia ou para a Antropologia[10]. Não é sabido, mas é preciso fazê-lo saber: o primeiro departamento da Universidade francesa, habilitado a formar antropólogos, foi criado em 1986 em Paris-Nanterre, ao passo que a História, ciência nacional, encarnou-se pesadamente na França inteira, da Universidade à mais modesta escola de aldeia. A hegemonia nacional da História começa desde 1870. No campo renovado das ciências do homem e da sociedade, ela se mantém sem perturbações, graças à disciplina corporativa dos historiadores agregados e doutores. Não é a essa poderosa corporação que ainda hoje é confiado, e muito oficialmente, o magistério da consciência nacional? Como escrever hoje a História da França? – perguntam-se os melhores deles, fazendo eco a outros nacionais da Inglaterra ou da Alemanha, igualmente muito atentos ao caminho, aos meandros de sua especificidade. Acabamos de saber, dizem os jornalistas, que um bom terço dos franceses de 1998 estão prontos para marchar nas pegadas dos nacionais. Não é a mesma corrente que vai de Maurice Barrès[11] aos paroquia-

---

10 Marcel Mauss, "L'ethnographie en France e à l'étranger" (1913), retomado em *Oeuvres*, V. Karady (ed.), Paris, Éd. De Minuit, 1969, t. III, p. 395-435.

11 Aqui o olhar afastado do historiador vê melhor que outros, e é em Zeev Sternhell que penso, por exemplo, em seu muito bom Maurice Barrès et le Nationalisme français (1972), Bruxelas, Complexe, 1985.

nos de Le Pen e do Front nacional, passando por Vichy e suas águas de juventude? Paradoxalmente, é o próprio Barrès que lamentou um dia a ausência de uma cadeira de Etnologia comparada. No momento da questão Dreyfus. Quando ele toma claramente posição, "de modo científico", fazendo observar que o que é odioso para um francês não o é para um judeu, e reciprocamente. "Se fôssemos inteligências desinteressadas, em vez de julgar Dreyfus conforme a moralidade francesa e segundo nossa justiça como um parceiro, nele reconheceríamos o representante de uma espécie diferente. Não o amarraríamos mais no pelourinho expiatório da Ilha do Diabo, mas como um testemunho vivo, como uma lição de coisas, nós o colocaríamos junto a uma cadeira de Etnologia comparada".[12] Paris, infelizmente, não tinha uma. Ao passo que, façamos-lhe justiça, o saber para-universitário, o dos Hautes Études, tinha muito cedo criado uma cadeira (1888) para estudar "as religiões dos povos não civilizados".

Os sem-escritos, os sem-História

Cadeira que conservará seu título na seção de ciências religiosas, durante todo o tempo em que ensinarão Marcel Mauss e, depois dele, Maurice Leenhardt. Em 1951, no momento em que Claude Lévi-Strauss é entronizado na cadeira de Marcel Mauss, do qual ele tornará conhecida a obra a um público francês, convicto por outro lado de que a Antropologia

---

12 Maurice Barrès, *L'Oeuvre de Maurice Barrès*, Paris, Club de l'honnête homme (sic), 1965-1969, t. I, p. 167. Citado, devo fazer-lhe justiça, por Tzvetan Todorov, *Nous et les Autres. La réflexion française sur la diversité humaine*, Paris, Éd. du Seuil, 1989, p. 77-78, livro de que seria necessário fazer leituras públicas, séries radiofônicas, programas de televisão, pois ele é indispensável para compreender como se encarna o Incomparável e de que sangue é feito e vivido na nação francesa.

é uma curiosidade anglo-saxã ou americana, ele escolhe modificar o abrigo sob o qual acolher seus ouvintes – informadores vindos de além-mar. Depois de terem sido por muito tempo "sem civilização" – o que Tylor não teria aprovado –, os povos reunidos dos quatro cantos do mundo serão doravante batizados na Sorbonne como "sem escritura".[13] Pouco importa, na ocorrência, a justificativa que disso é dada, ou seja, a influência reguladora que a ausência de escritura parece exercer, nessas sociedades, "sobre uma tradição que deve permanecer oral". Sem escritura, sem civilização, essas "civilidades" descobertas desde a Renascença são também desde o fim do séc. XVIII reconhecidas como "sem História". O que teria podido passar por um privilégio torna-se uma tara, pelo fato de que a Revolução americana de início e, depois, a Revolução francesa, afirmam-se como a origem histórica de uma Humanidade nova, principalmente pelo fato de que na França a Nação revolucionária resgata seu passado, pensa-se na História, a que se faz e a que ela pretende fazer na forma nacional, que parece a realização de toda sociedade civilizada. A ciência histórica fará o resto: as sociedades primitivas, abandonadas, principalmente na França, à História natural, sem civilização, sem escritura, são evidentemente uma parte negligenciável para os historiadores do documento escrito e da longa tradição histórica. Em nome de qual altruísmo desvairado os nacionais se interessariam por esses pobres "sem histótia", esquecidos por seus próprios etnólogos? De início, deixados como sem herdeiros por um século inteiro, depois, uma vez reconhecidos como "sem escritura" – o que parece confirmar sua expulsão das terras da História –, eles vão cair sob o golpe de uma nova herança que lhes impõe ser "so-

---

13 Claude Lévi-Strauss, "Religions comparées des peuples sans écriture", em *Problèmes et Méthodes d'histoire des religions*, Paris, PUF, 1968, p. 1-4.

ciedades frias", uniformemente, sob o pretexto de que outras seriam, evidentemente, "quentes".[14] Com isso, a historicidade tinha tudo a perder, e a Antropologia, tão nova, tão frágil em terra nacional, nada ganhou. Hoje posso dizer isso, depois de uma já longa navegação em comparativismo entre historiadores e etnólogos que se cruzam nas águas do Quartier latin.

Para a ciência histórica, as coisas são claras: os gregos nada têm a ver com os iroqueses, e muito menos com os polinésios. Eles dominam a escritura, inventam a civilização, são os primeiros a escrever a História, a verdadeira. A dúvida não é permitida: eles são nossos ascendentes em linha direta. Que os troianos, dos quais descendem sem dúvida os reis da França, cedam então o lugar para esses nobres helenos cuja razão e letras universais legitimam a cultura nacional dos franceses. Que se coloque rapidamente um termo aos desvios do helenismo antropológico, tanto em Cambridge como nas vielas de Paris. De graça, que não nos venham mais falar de "fazer Antropologia com os gregos", uma das últimas insanidades que chegaram aos augustos funis da Academia, a qual pôs boa ordem nisso, como se deve.

Eis-nos, portanto, instruídos: quando um antropólogo encontrar um historiador, ele deve saber, no momento de saudá-lo, que a História – falo da ciência – nasceu nacional,[15] ao passo que a Antropologia sempre foi naturalmente comparativa.

---

14 Tanto para Schelling como para Cassirer, o mito, o pensamento mítico não conhece o tempo da História (cf. Ernst Cassirer, *La Philosophie des formes symboliques*, 2, *La Pensée mythique* [1924], mas a divisão traçada por Claude Lévi-Strauss foi muito marcante e atingiu mais a corporação dos historiadores, pelo menos na França. Foi apenas em 1983 que terminou a Guerra Fria (cf. Claude Lévi-Strauss, "Histoire et Ethnologie", *Annales* ESC, 1983, p. 1217-1231).

15 "Pois (já) existe entre a Etnologia e a História, a espessura do fato nacional que desempenhou um papel decisivo na Constituição – e na separação – da História como saber". Alguns historiadores estão mais bem colocados que outros para o saber, mas poucos o reconhecem com o mesmo vigor que François Furet, sim, em 1971, e sou eu que saliento com tinta vermelha "a espessura do fato nacional" na citação extraída de "Histoire et Ethnologie", em L'Atelier de l'histoire, Paris, Flammarion, 1982, p. 91.

Cada um em seu lugar: imagina-se uma Antropologia que fosse nacional? E por que a História, que nos parece cheia de graça e de sentimento nacional, por-se-ia a fazer comparativismo?

São Marc Bloch

Estejamos seguros: não se trata então de um comparativismo de grande fôlego entre História e Antropologia. Não, simplesmente um comparativismo de cruzeiro, uma História comparada de alguma coisa, entre eles, em família, entre historiadores. Sobre isso invoco Marc Bloch – são Marc Bloch –, que todos veneram presentemente, da esquerda à direita,[16] quando, do lado de Oslo, em 1928, ele pronunciava um discurso memorável "em favor de uma História comparada das sociedades européias". Ouçamos sua peroração: "Deixemos, se bem o desejais, de causar eternamente História nacional para a História nacional". Bloch sabia do que estava falando: seu projeto de comparativismo, e sempre entre historiadores da Idade Média, iria soçobrar diante das "Antigüidades nacionais".[17] Como a hagiografia não parece ainda ter esclarecido sua versão da questão, aproveitemo-nos disso para tornar conhecido um episódio esclarecedor, como tudo aquilo que acontece nos bastidores de uma instituição tão discretamente francesa como o Collège de France.

---

16 Marc Bloch, "Pour une histoire comparée des sociétes européennes", *Révue de Synthèse historique*, dezembro de 1928; retomado em Mélanges historiques, I, Paris, EHESS, 1963, p. 16-40 (particularmente a p. 40). Não se viu nascer, em 1997, uma Fundação Marc-Bloch que pretende difundir um "pensamento crítico" a partir da "nação francesa"? Um grande e nobre projeto.
17 A História das duas candidaturas de Marc Bloch foi instruída por Olivier Dumoulin, em Hartmut Atsma e André Burguière (ed.), *Marc Bloch aujourd'hui. Histoire comparée et sciences sociales*, Paris, EHESS, 1990, p. 87-104.

Primeiro projeto de cátedra, 1928: "História comparada das sociedades européias".

Em 1993, nova candidatura, mesmo título: nenhum problema, diz Marc Bloch, para introduzir "medievais" no lugar de "européias". Sim, a Europa, o que é ela diante da elevada permanência das "Antigüidades nacionais", da qual o candidato escolhido, seja quem for, já de início recebe como apanágio a legitimidade da consciência nacional? O que seria preciso ou teria sido preciso dizer para defender a causa de vocês, escreve Febvre com magnanimidade ao candidato infeliz, é que "a verdadeira Antigüidade nacional [se chama] o campesinato, a vida rural, tudo aquilo que é domínio de vocês".[18] Sem dúvida, os camponeses da França. Infantil! E, no dia seguinte, Marc Bloch era sagrado "grande historiador da França". Lucien Febvre lhe havia dito: História comparada? Mas a História rural não é comparativa por essência? Ostentando a intenção de História comparada, vocês provocam os historiadores, falando de Europa onde eles esperam Idade Média, vocês agravam o caso de vocês. Com efeito, até a Idade Média é de início nacional, e o que é nacional, estamos plenamente de acordo, *não se compara*. Os inventores do "gênio nacional" o haviam mostrado longa e amplamente, em tela grande. Vejamos, uma nação com seus costumes seculares, os ancestrais que nos fizeram o que somos, nossas raízes, gaulesas, troianas, gregas, homéricas, não são coisas incomensuráveis? Por essência, a Nação é o Incomparável. Marc Bloch não teria lido Lavisse, Ernest?

---

18 Soberbamente relido por Pierre Nora, *"L'Histoire de France de Lavisse"*, em Pierre Nora (dir.), *Les lieux de mémoire*, II, La Nation, I, op. cit., p. 317-375.

Como escrever hoje a História da Inglaterra?

Seria este um drama francês? Seria necessário ver nessa ignorância mútua da Antropologia, comparativa, sem dúvida, e da História, nacional, com efeito, um traço, talvez até pertinente dessa "exceção" exibida a todo custo, nesses últimos anos? Nos quatro cantos da Europa, se disso duvidarmos, a situação é mais ou menos a mesma, ou até comparável. No país de Tylor e de James George Frazer, primeiro titular de uma cadeira de Antropologia social, sim, o Frazer de *O ramo de ouro*, o helenista, a História nacional não nasceu da última chuva. O atual professor *real* de História moderna, John H. Elliott, acaba justamente de pronunciar diante da Universidade de Oxford sua aula inaugural: "História nacional, História comparada".[19] Maio de 1991: o *regius Professor* sabe que irá chocar: grandes mudanças perturbaram nossa História, a entrada possível da Inglaterra na Europa, a queda do muro de Berlim. Como escrever hoje a História da Inglaterra? Depois de Hume, mas também em um período pós-*Anais* (quero dizer, os fundados por Bloch, Febvre, Braudel etc.)? Sem dúvida, não é o caso, Senhor vice-chanceler (sentado na primeira fila), de pôr em perigo a primazia da História nacional, fundamento de nossa *British identity*, mas o professor recentemente chegado à cadeira faz observar que a História da Inglaterra não é somente insular, que a Grã-Bretanha teve numerosas trocas com o Continente, que chegou a hora de os historiadores de Oxford, já conscientes das virtudes da interdisciplinaridade, voltarem-se decididamente para os problemas da História comparada. Alguns exemplos para a atenção dos futuros recrutas: por que não colocar em

---

19 John H. Elliott, *National and Comparative History. An Inaugural Lecture Delivered before the University of Oxford on 10th May 1991*, Oxford, Clarendon Press, 1991 (29 p.).

perspectiva o caráter nacional dos ingleses e o dos espanhóis? E a colonização, que faz a grandeza do Commonwealth, não seria conveniente perguntar sobre suas práticas, sobre seu estilo, colocando-a, prudentemente, diante de outros grandes empreendimentos do mesmo tipo? A dos espanhóis, evidentemente, mas também a dos franceses, por que não? Nossa identidade nada sofrerá com isso e, por outro lado, não são nossos amigos da França, Braudel e até Febvre, que o dizem? A identidade de uma grande nação pode ser sua diversidade. "França, teu nome é diversidade!" – acabava de clamar quatro anos antes o Braudel de *A identidade da França*.[20] Por que pensar, por outro lado, que isto é um privilégio francês?

Como peroração, e a fim de refazer o moral da tropa histórica, da qual ele adivinhava a inquietação diante da amplitude da tarefa, o *regius Professor* invoca o exemplo de fogo de seu colega Marc Bloch e de sua eloqüente defesa em favor de uma História comparada das sociedades européias, sim, a de 1928 (além-Mancha, antedatada de 1925). O paradigma não provocou cenho franzido: a comparação será feita entre sociedades vizinhas, contemporâneas e de mesma natureza. Dos dois lados da Mancha, o acordo é perfeito, *shakehand*. Só se pode comparar o que é comparável. Duas ou três grandes nações, e basta. A audácia real de Oxford não faz a menor alusão à desmesura, ainda que para conjurá-la. É claro que nenhuma sociedade extra-européia é recomendável para pensar o que significa fundar uma colônia, conquistar um território ou inaugurar modos de viver junto em um espaço novo. Todo recurso a sociedades que não seriam tão ricamente nacionais como a Inglaterra é

---

20 Fernand Braudel, *L'Identité de la France*, Paris, Flammarion, 1986, cap. I, "Que la France se nomme diversité". A introdução de Braudel, historiador de *Mare nostrum* em todos os sentidos, transborda de uma nostalgia amorosa da França.

perfeitamente inútil, quer se trate de comparar os traços das características inglesas e espanholas ou de se perguntar sobre as relações passionais entre diversidade e identidade. Não há dúvida de que, como todos os anglo-saxões e seus vizinhos próximos, os novos historiadores de Oxford conhecem e praticam a História social que eles, de bom grado, chamam de *Comparative History*. Contanto que ela seja feita entre historiadores que pertençam ao mesmo club, ao mesmo *College*. Todavia, à preferência nacional se acrescenta, depois da queda do muro de Berlim, como que um movimento giratório na direção da Europa. *Welcome*! Até quando? Por quê? Em todos os estágios, e principalmente no dos *Anais*, a História é pavimentada de boas intenções. Lucien Febvre, que tinha isso a revender, não parece ter desenvolvido para além da medida a aproximação comparativa. Ela implicitamente não está aí, na maioria das vezes? Seu último livro – sim, aquele que desapareceu misteriosamente e que acaba de ser reencontrado, rapidamente – chamava-se *Honra e Pátria*.[21] Em suma, comenta Braudel, "a História do nascimento da idéia de pátria".[22] Eis aí, ele também. A pátria francesa, *I presume*.

E na Alemanha?

Exagero, falta de informações, ponto de vista polêmico e sempre franco-francês? Atravessemos o Reno. Não é a pátria de Max Weber, de Otto Hintze, de Georg Simmel, de Aby Warburg? Os passantes estão no trabalho: Casa Marc-Bloch

---

21 Lucien Febvre, *Honneur et Patrie*, Paris, Perrin, 1996.
22 Fernand Braudel, *Écrits sur l'histoire*, II, Paris, Arthaud, 1990, p. 28-29, em uma longa matéria no *Journal of Modern History*: "Ma formation d'historien".

em Berlim, comemorações em Estrasburgo, biografias intelectuais em alemão, em francês. O que eles juntam em suas redes? Constatação maciça: desde a fundação do Reich em 1870-1871, a História dominante – que surpresa! – não é social, nem verdadeiramente européia, nem sequer de vocação sociológica e comparativa. O medievalista Georg von Below governa a profissão com o mesmo entusiasmo que seu colega de frente, Ernest Lavisse; e, a seus lados, Friedrich Meinecke aferrolha a ciência histórica com punho ainda mais enérgico do que Charles Seignobos no castelo da Nova Sorbonne, porteiro severo mas pronto para mostrar para vocês como fazer uma ficha. A Idade Média, sim, o arquivo, o documento, a fascinação das origens, dos dois lados e, para von Below, o caminho régio: a História política em torno do Estado, em capitulares, com suas quatro letras capitulares (ÉTAT), o Estado conduzido pelo nacionalismo, em cheia constante, com um anti-semitismo cheio de seiva e um belo vigor anti-republicano. Denunciando imediatamente tudo o que se apresentava como História social, Sociologia, reflexão epistemológica. De seu lado, que não foi o menor, Meinecke situava a invenção da História perfeita entre Goethe e Ranke: ela era alemã, moderna, forte por ter mostrado o poder do desenvolvimento individual e do desenvolvimento do Estado, da idéia de Estado, da razão de Estado. Na Alemanha. Exceção alemã? Primeiro *Sonderweg*, tornando-se rapidamente auto-estrada para seis caminhos de cada lado da cintura. Nação oblige. Segurança antes de tudo. Warburg havia compreendido, bem antes de mudar sua biblioteca. Max Weber com certeza encontrou seus melhores leitores entre os alunos de Meinecke e de von Below.

Dirão a mim: é o passado. Sim, 1930, 1940... mas é ainda um desses passados que não passam. Deixemos os historiadores alemães dizer e mostrar isso em 1998, em 1999.²³ Por outro lado, uma espiadela na França: crise, crise na História (1988), sobre as manchetes de uma revista francesa: os *Anais* (um de nossos melhores produtos de exportação, conforme diz o ministério do Comércio exterior). Crise? Tanto melhor, então: cindamos, dispersemo-nos, façamos novos projetos. Os grandes modelos estão em crise? Já era tempo. Os *Anais* incapazes de ser arrombados: o que fazer? – dizia o mumificado da praça Vermelha que, ele sim, sabia perfeitamente como, e também o quê. Debates internos, mudanças de reflexão nos corredores do comitê. Outros que se dizem mais historiadores e, bem depressa, os verdadeiros historiadores, voam em socorro da História ameaçada. É preciso defender *a* profissão, o terreno, o método, os arquivos, as fichas. Os Mestres, nossos mestres, sim, Lucien Febvre, o bom, o verdadeiro, e Marc Bloch, o grande Marc Bloch, o da *Apologia pela História*, a ser relida, por quê? – para aí encontrar com o quê fundar "uma nova concepção da cientificidade da História". Esticar a orelha para o além-Reno...

Para uma sociedade historiadora mais justa e mais igualitária

Simples, não? Tomem Febvre, sim, Lucien, pai, avô fundador, sua tese, um modelo de tese de Estado, com capitulares, soberba monografia com douração sobre couro (*Philippe II et la Franche-Comté*), cronologia impecável, 780 páginas e mais 40 sobre as fontes, nada mais que as fontes! (esses lugares de

---

23 Como excelentemente nisso se empenha Otto Gerhard Oexle, "Marc Bloch et l'histoire comparée de l'histoire", em Pierre Deyon, Jean-Claude Richez e Léon Strauss (dir.), *Marc Bloch, l'historien et la cité*, Estrasburgo, Presses Universitaires de Strasbourg, 1997, p. 57-67.

onde surgem os documentos, de onde nascem os grandes rios da História). Imediatamente damos de encontro com o retrato de Lucien Febvre no meio da galeria dos Espelhos, aquela que reúne os pares de França, os grandes historiadores, que tiveram a honra de servir a reconciliação nacional e de permitir a mobilização patriótica. Há pouco tempo. Sim, mas, hoje, eles são nossas melhores garantias para construir uma *sociedade histórica* "mais justa e mais igualitária", escreve corajosamente o doutor Noiriel, que veio tomar os pulsos da tão pálida Clio. Primeiro, ele receitou, além da clássica e eficaz "volta às fontes": um reforço da disciplina, sim, um controle mais eficaz das licenças de pesquisa, mais democrática, sem dúvida, nada não vale o julgamento dos pares, a fim de circunscrever, no interesse de todos, quais são "os problemas comuns para todos os historiadores". Da França.[24] Para os outros, veremos mais tarde. Salvemos primeiro a França!

Os etnólogos? Os etnógrafos? A Antropologia hoje? Silêncio completo, exceto para lembrar o papel da coisa "estruturalismo" e de seus efeitos funestos sobre os fiéis leitores de Marc Bloch. Do lado da "sociedade etnográfica", nenhum quadro de ancestral para exibir? O de Marcel Mauss na janela da Sorbonne? De graça. Ele jamais deixou o Quartier latin. Curvaremos-nos, então, sobre "o terreno". Honra aos etnólogos que exploraram um terreno durante 30 anos, e evitaram cuidadosamente extrapolar, indo até o "lar" de um colega vizinho. A "profissão de etnólogo" não tem os títulos de nobreza como o historiador, mas, na ocasião, ele presta grandes serviços. Sim, os mesmos que aos historiadores. Profissão, disciplina, controle das cartas: Marcel Mauss sorri para Marc Bloch, de uma janela para outra, sobre o mesmo pátio.

---

24 Tudo isso aos montes na obra de Gérard Noiriel, "historiador", *Sur la "crise" de l'histoire*, Paris, Belin, 1996.

Chamar os filósofos para o novo ataque? Uma outra comunidade com seus agregados, seus concorrentes desde a escola primária? Não vale a pena incomodá-los hoje. Todo o sistema de educação "nacional" conspira para os aprisionar no diálogo embriagador com Platão e dois ou três grandes textos. Que os primeiros da classe se empenhem em ler com olho suspeitoso para aquilo que se diz nesses "grandes textos", em segredo, sim, apesar deles. O grego é como receita, desde sempre, e a completude que ele injeta em altas doses protege muito eficazmente contra a curiosidade, que tantos pensamentos vindos de outros lugares pareceriam ter de despertar, excitar e desencadear, pelo próprio fato de que eles oferecem os meandros mais surpreendentes em relação a anotações de aluno. Nenhum perigo deste lado. Não impede que a Filosofia, de Husserl a Heidegger – a tentação era mais viva na Alemanha –, foi obrigada a dar um julgamento definitivo sobre as pretensões da Antropologia: incapaz de colocar a questão do ser do *Dasein*, que a precede, ela perde-se em caminhos que não levam a lugar algum."[25] Exit. Não era por outro lado um saber sem disciplina e que, entregando-se à descoberta de tantas sociedades sem historicidade, ostentava sua indiferença pelas virtudes "espirituais" que fundam a superioridade de um povo ou, conforme as circunstâncias, da "raça ariana"? Não nos enganemos: tudo isso está bem em *Ser e tempo* (1927), antes do *Discurso* (nacional-socialista) *sobre a auto-afirmação da Universidade alemã* (27 de maio de 1933). Implacável cronologia, e não parece tão difícil compreender porque "ele" se calou, obstinadamente, até o fim. Desmentir a Filosofia do *Dasein*? Não é junto de Martin H. que teria sido necessário apresentar um projeto ubuesco como "Fazer Antropologia com os gregos".

---

25 Ler Martin Heidegger, *Être et Temps* (1927) trad. François Vezin, Paris, Gallimard, 1986, p. 77-83. Aí ainda trata-se do mais nobre: a Antropologia de origem antiga e cristã. O resto pode ser deixado de lado.

Trabalhar junto

Como escrever hoje a História da Inglaterra, da Espanha ou da França? Eis uma questão que se tornou obsoleta pelos anos 60, no espaço aberto pela École pratique des hautes études com a criação de uma VI secção, destinada às ciências sociais e econômicas. Graças a Fernand Braudel, o Braudel, desta vez, do *Mediterrâneo*, da civilização material e do Capitalismo entre os sécs. XV e XVIII, a VI secção foi durante 20 anos o meio mais favorável para apagar os preconceitos respectivos entre historiadores e etnólogos. Posso testemunhar isso por ter recebido em 1963 uma chefia de trabalhos cuja vocação era explicitamente encarregar-se de um "Centro de pesquisas comparadas sobre as sociedades antigas".[26] Uma primeira geração de etnólogos vindos da Filosofia descobriam, ao mesmo que historiadores aliviados de seu corporativismo, que instituições como a guerra, a caça e as relações com a terra faziam parte de suas questões comuns e que lhes era vantajoso pensar juntos sobre um largo horizonte. Esses historiadores não se perguntavam com circunspeção em quê aquilo que os etnólogos faziam podia ser útil para a História medieval ou para a História antiga. Por sua vez, os antropólogos estavam mais curiosos sobre o que os historiadores lhes faziam descobrir nas sociedades antigas ou medievais do que preocupados e de portas fechadas em seu terreno, lançando espiadelas desconfiadas sobre o jardim mais próximo. As cercas de arame farpado das disciplinas universitárias pareciam esquecidas. Um espaço de comparativismo experimental abria-se para os saberes, mais curiosos por aquilo que os reunia do que por aquilo que lhes parecera fazer obstá-

---

[26] Que foi durante dez anos – o que não é pouco – um lugar de comparativismo, mas sempre dominado pelos "gregos".

culo, em outros lugares e primeiramente por ignorância.²⁷ Pelo menos duas gerações haviam preparado esses encontros, estabelecendo discretamente um diálogo entre disciplinas que antes se confrontavam ou até se separavam pelas decupagens limitadas da Universidade. Ainda longe do ensino acadêmico, tão nocivo para a pesquisa na França, haviam se esboçado reconhecimentos recíprocos entre lingüistas sociólogos como Antoine Meillet, Émile Benveniste, "antropólogos" como Marcel Mauss, Marcel Granet, ou espíritos livres e inventivos como Georges Dumézil. Entre os anos 20 e 40, todos esses estudiosos estavam de acordo em pensar que a linguagem, longe de ser um simples sistema de palavras, veiculava uma sintaxe e um vocabulário velho de muitos séculos, e que ela implicava, por conseguinte, certo modo de perceber, de analisar, de coordenar. Haveria, portanto, o inconsciente na linguagem, que carregava consigo tudo aquilo que "a tradição" representa. É nos subterrâneos da linguagem das civilidades que seria preciso procurar as categorias coletivas, essas noções depositadas na língua e que dão forma a instituições, seja o direito, a política ou as relações sociais. Haveria aí um "inconsciente histórico", dizia Benveniste, desde o mundo indo-europeu. Tais convergências não teriam sido elas próprias tão poderosas se não tivessem sido drenadas pela expectativa em torno do "pensamento mítico".²⁸

Para Mauss, Granet, Dumézil e seus herdeiros era fato adquirido que, da Índia à China, passando pela Grécia de Hesíodo, a mitologia sempre fora habitada por um pensamen-

---

27 Para um inventário das "oposições não encontráveis" e de tudo aquilo que os historiadores e os antropólogos têm em comum, leia-se o excelente ensaio de Gérard Lenclud, "Anthropologie et Histoire, hier et aujourd'hui, en France", em I. Chiva e U. Jeggle (ed.), *Ethnologies en miroir*, Paris, Ed. De la MSH, 1987, p. 35-65.
28 Balizei a História em "Retour sur la bouche de la vérité", escrito para a edição "Pocket" dos *Maîtres de vérité dans la Grèce archaïque*, Paris, Agora, 1994, p. 5-31.

to depositário dos quadros fundamentais. Ela era a linguagem unitária, que engloba as figuras maiores da vida social e espiritual, e deixando esperar descobrir nela algumas leis da atividade mental em sociedade. A tal sedução ela acrescentava uma outra, muito violenta, de ser um pensamento dirigido a apagar-se ou desfazer-se, testemunhando comportamentos proto-históricos e deixando entrever esboços de categorias jurídicas, políticas ou religiosas, destinadas a enriquecer as formas futuras do pensamento racional. Em país grego, particularmente, o antropólogo coabitava com o historiador atento para reconstruir as condições de observação e de análise de uma série de fenômenos maiores: o surgimento do Direito, a instituição do político, a emergência de uma ética, ou ainda a criação da moeda e o nascimento da Filosofia.

Nenhum dos etnólogos ou dos historiadores ativos nos anos 60 ficou insensível a essas perspectivas ou a esse empreendimento. De modo mais pedestre, os historiadores de então admitem sem dificuldade que, interessando-se pelo cotidiano, pelas maneiras de comer, de crer ou de amar dos homens do passado, eles contribuem para um melhor saber das sociedades humanas tão felizmente quanto os etnólogos que partem para terras longínquas e se interrogam sobre formas de mudança, modelos de historicidade e, cada vez mais freqüentemente, sobre as transformações raciais de culturas há muito marcadas pelo arcaísmo que delas esperamos. Os historiadores então redescobriram, sob uma forma ligeiramente diferente, um domínio que espíritos curiosos não tinham deixado de explorar: o dos usos e costumes com seus contextos. Por exemplo, o tão rico do parentesco, do papel dos laços de sangue para fundar as relações sociais e estabelecer as relações de poder.

Não basta, com efeito, apagar os preconceitos entre saberes tão próximos para que os antropólogos e os historiadores convenham que uns e outros, primeiro, têm de "situar-se sobre uma rede cultural particular",[29] sobre o horizonte de um mesmo grande saber das sociedades humanas, sem dúvida para construir. Praticando uns e outros a proximidade e a distância, pois nada diferencia os outros do passado dos outros do exótico. Situar-se sobre uma rede intelectual ou cultural significa, para o etnólogo e para o historiador, tornarem-se tão familiares desse pensamento ou dessa cultura que eles possam fazer como se nela estivessem, como se pensassem com aquele pensamento. Ao mesmo tempo, sabendo que o saber etnográfico e historiador das sociedades humanas obriga-os a fazer como se de fato não o fossem. De outro modo, como poderiam eles construir as interpretações com que é tecido o saber das variações de tantas civilidades produzidas pela espécie à qual eles próprios pertencem de modo tão exclusivo?

---

29 Boa fórmula de Dan Sperber, *Le Savoir des anthropologues*, Paris, Hermann, 1982.

II

CONSTRUIR COMPARÁVEIS

Historiadores e antropólogos trabalhando junto – o que haveria de mais simples, à primeira vista? Há duas ou três décadas, centros de pesquisas históricas reúnem historiadores de todo tipo e também de todas as cores. Por sua vez, os antropólogos dispõem de laboratórios amplamente abertos sobre árias culturais ou continentes ventosos. Indianistas, africanistas e americanistas podem realizar, juntos, pesquisas comparativas sobre sistemas de pensamento, mais ambiciosas, sem dúvida, do que a de 17 entre eles. Enquanto os historiadores, indiferentes ao nacional e a seus concorrentes, satisfazem-se com um comparativismo de bom grado mais socioeconômico do que cultural, mas que nada deveria entravar desde que é admitido que, em suma, nada separa os outros do exótico dos outros do passado. A única dificuldade se aloja no "em suma". Percebo isso, salientando que apenas Bernard Cohn faz explicitamente a mesma constatação, e ainda em Chicago, esboçando o retrato de "um antropólogo entre os historiadores" (1980).[1] Em todos os outros lugares, sobem de novo à superfície, como ludiões rápidos, os "preconceitos úteis", tão caros à identidade em perigo.

Sem dúvida, haverá sempre historiadores prontos para defenderem a tese irredutível de que só se pode comparar aquilo que é comparável. Da mesma forma que entre os etnólogos, em

---

[1] Bernard S. Cohn, *An Anthropologist among the Historians and Other Essays*, Oxford University Press, 1987, cap. 2, "History and Anthropology: the State of Play" (1980), p. 19.

princípio mais iniciados em comparativismo, encontraremos sem dificuldade as referências a um "lar próprio", para afirmar a especificidade de um terreno comum ou de uma cultura com originalidade específica. Pouco importa. O essencial para trabalhar junto é se libertar do mais próximo, do natal e do nativo, e tomar consciência, bem cedo e bem rápido, de que temos de conhecer a totalidade das sociedades humanas, todas as civilidades possíveis e imagináveis, sim, a perder de vista, historiadores e antropólogos da mesma forma confundidos. Esqueçamos os conselhos, prodigalizados por aqueles que repetem há meio século, de que é preferível instituir a comparação entre sociedades vizinhas, limítrofes e que progrediram na mesma direção, de mãos dadas, ou então entre grupos humanos que atingiram o mesmo nível de civilização e que, à primeira vista, oferecem de modo suficiente homologias para navegar com toda segurança. Nos anos trinta, lingüistas abriram em Praga um laboratório onde se comparavam línguas deliberadamente não aparentadas e dessemelhantes em suas estruturas. Eles não esperaram que epistemólogos lhes concedessem permissão para experimentar. Um dos produtos desse laboratório iria ser a Fonologia.

O singular-plural

Trabalhar junto, entre antropólogos e historiadores: as vantagens disso são bem conhecidas. A abordagem contrastante, a descoberta de dissonâncias cognitivas; de modo mais simples, ressaltar um detalhe, um traço que escapava à intelecção do intérprete e do observador. Ou, ainda, colocar radicalmente em questão o estatuto da Economia entre sociedades arcaicas, as civilizações antigas e a nossa, como o fez, não há muito, Karl

Polanyi na Colômbia, levando etnólogos e historiadores a pensarem juntos. Pode-se tratar também de ver a partir da Índia como se pratica a administração do sal no Império otomano ou no reino da França.² Ou então como, sob quais ângulos, por quais aspectos de uma configuração mais restrita o filósofo na Grécia difere do sábio na China.³

O comparativismo construtivo de que pretendo defender o projeto e os procedimentos deve de início se dar, como campo de exercício e de experimentação, o conjunto das representações culturais entre as sociedades do passado, tanto as mais distantes como as mais próximas, e os grupos humanos vivos observados sobre o planeta, ontem ou hoje. O comparativista que quer construir seus objetos deve poder se deslocar sem passaporte entre os Constituintes da Revolução francesa, os habitantes dos altos planaltos da Etiópia do Sul, a Comissão européia de Bruxelas, as primeiras cidades minúsculas da Grécia, detendo-se, se bem lhe parecer, na terra de Siena ou de Verona, para ver, por exemplo, como funcionam as assembléias entre os sécs. XII e XIII.⁴

Eu disse bem, *o* comparativista: ele deve ao mesmo tempo ser singular e plural. A polimatia ou o enciclopedismo de um só por vezes basta para cobrir um domínio como a civilização indo-européia agrimensada por Georges Dumézil como pedestre solitário.

---

2 Cf. Lucette Valensi, "Retour d'Orient. De quelques usages du comparatisme en Histoire", em Hartmut Atsma e André Burguière (ed.), *Marc Bloch aujourd'hui. Histoire comparée et sciences sociales*, Paris EHESS, 1990, p. 307-316. Sim, ao voltar do Oriente, vê-se melhor até aquilo que acontece nos *Annales*, para verificar friamente que não se desenvolveu a "História comparada", e menos ainda um comparativismo entre antropólogos e historiadores. Outros não cuidaram disso ou então fazem o elogio acadêmico de uma prática da História que tão profundamente transformou a "memória nacional". Por exemplo, Krzysztof Pomian, "L'heure des Annales", em Pierre Nora (ed.), *Les Lieux de memoire*, II, *La Nation*, 1, Paris, Gallimard, 1986, p. 378-429.
3 Penso no empreendimento intelectual de François Jullien. A de Geoffrey Lord tem suas virtudes próprias que escolhe igualmente o comparativismo em dois termos.
4 São, por acaso, as sociedades que foram mobilizadas pelo projeto "Pratiques d'assemblée".

Desde que o horizonte engloba o conjunto das sociedades humanas, o empreendimento de um só não tem mais sentido algum. De que comparativista se trata então? Daquele que toma forma por meio da rede intelectual tecida entre três ou quatro historiadores-antropólogos ou antropólogos-historiadores, convictos de que, para cada um deles, é tão importante ser alimentado pelo saber e pelas questões dos outros, quanto de querer analisar em profundidade a civilização ou a sociedade de que cada um em seu lugar inicial é "profissionalmente" o intérprete. Ser diversos para "o" comparativista construtivo exige um microgrupo de etnólogos e de historiadores familiares, para não dizer cúmplices, prontos para pensarem juntos até o fim. Um lugar para encontrar-se regularmente é mais importante do que uma boa receita de pesquisa. É aí, nesse espaço comum, que o comparativista pode adquirir a competência de uma microcomunidade histórico-antropológica. O empreendimento pode iniciar-se com dois membros, um historiador, o outro antropólogo, desde que cada um participe da curiosidade intelectual e da competência do outro.

Como procede concretamente este "nós-eu"? A prática de um grupo de pesquisas durante dez anos, que publicou quatro volumes comparativistas[5] e está terminando outros dois, permite-me analisar retrospectivamente alguns dos procedimentos para colocar em ação um comparativismo que visa a construir comparáveis entre historiadores e antropólogos. A pesquisa que me parece mais demonstrativa foi publicada em 1990 com o

---

5 Estão dispersos e tão difíceis de serem encontrados nas boas livrarias que vou dar a lista deles:
* - *Tracés de fondation*, sob a direção de M. Detienne, Louvain et Paris, Bibliothèque de l'École pratiques des hautes études, Sciences religieuses, vol. CXIII, Peeters, 1990.
- *Transcrire les mythologies*. Tradition, écriture, historicité, sob a direção de M. Detienne, Paris, Albin Michel, 1994.
   - *La Déesse Parole*. Quatre figures de la langue des dieux (Inde, Célèbes-Sud, Géorgie, Cuna du Panamá), sob a direção de M. Detienne e G. Hamonic, Paris, Flammarion, 1994.
   - *Destins de meurtriers*, sob a direção de M. Cartry e M. Detienne (Systèmes de pensée em Afrique noire, nº 14), Paris, École pratique des hautes études, 1996.

título de *Traçados de fundação*. Ela começou entre um helenista curioso sobre as pesquisas realizadas por africanistas sobre as maneiras de estabelecer um território, de territorializar com rituais e conjuntos de representações e, de outro lado, um etnólogo atento às pesquisas de um historiador helenista descobrindo a gestualidade de um deus que fabrica o território durante mais de quatro séculos sobre um horizonte político, entre dezenas de cidades muito pequenas. A cumplicidade induz a pôr em relação, e a renovação da questão "O que é um sítio?" talvez tenha começado pela correspondência lúdica entre duas configurações: a que um africanista havia esboçado, mostrando que, para fazer o arranjo de um espaço de aldeia, é preciso pôr em ordem um espaço de matagal, ao passo que, um pouco mais longe, um indianista esboçava uma outra em que, na Índia bramânica, é a aldeia que gera o limite e não o limite que gera a aldeia. Matagal, limite e aldeias punham-se a vacilar sobre o horizonte ainda indeciso da territorialização – ou melhor, dos modos tão diversos de estabelecer um território, cá e lá.

O choque do incomparável

Entre as práticas e as maneiras abundantes de territorialização era preciso escolher uma entrada em forma de categoria, vigiar para que ela fosse suficientemente genérica para atrair o trabalho da comparação, mas nem demasiado geral nem demasiado específica de uma só cultura. A opção recaiu sobre a categoria "fundar, fundação, fundador". Em função das reações de uns e de outros – africanistas, japonizantes, americanistas, helenistas convidados para a pesquisa –, demonstrou-se que a categoria considerada era complexa, mas útil para fazer aparecer uma série de questões. Ela não era demasiadamente forte nem fraca. Demasiadamente forte, muito poderosamente classificatória, ela teria dificultado o trabalho de confrontação; demasiadamente fraca, ela nada teria oferecido a pensar entre o espaço de um grupo, não importa qual sítio e as figuras do começo e da inauguração que parecia cobrir o sentido comum de "fundar".

Parecia bastante fácil deixar a atenção escorregar, da fundação "dura" com fundador, até uma série de trajetos, de processos e de gestos rituais levando à territorialização para além e até antes do ato de fundar. Felizmente, houve também a violência heurística daquilo que surge como o incomparável. Um dia, dois japonizantes, há muito silenciosos enquanto avançávamos às apalpadelas, intervieram para nos confiar – estavam desolados com isso – que no Japão, segundo os textos mais antigos, não havia fundação nem fundador. Agradeci-lhes calorosamente, dizendo-lhes que, finalmente, iríamos poder refletir sobre o que queria dizer "fundar, assentar duravelmente". Graças à provocação do incomparável, uma categoria familiar como "fundar" ia abalar-se, rachar-se e desagregar-se.[6]

Éramos esperados por sociedades que pareciam ignorar obstinadamente a idéia de fundação: o Japão, de início, e logo a Índia védica.[7] A insularidade japonesa cultiva um pensamento do primordial sem ruptura. Os deuses são os mestres de obra. Deuses do céu e deuses autóctones, eles próprios desdobrados: os autóctones senhores do país, os civilizadores que vão servir de parceiros matrimoniais para os deuses do céu; e os autócto-

---

6 É sob o título "Qu'est-ce qu'un site?" que tentei refletir sobre o trabalho da comparação. No ano seguinte, Gérard Lenclud nos confiava suas reflexões (não publicadas até hoje) sobre o problema da comparação, em torno de *Tracés de fondation*. Nada me pareceu mais esclarecedor para pensar a construção de comparáveis, presentes e futuros. Eu lhe disse isso, e ele voltará nas páginas seguintes.
7 Todas as civilizações evocadas mais adiante são capítulos de *Tracés de fondation*.

nes selvagens, relegados ao outro mundo sob a terra e no meio de ondas. Senhores do país e deuses do céu geram a linhagem imperial que cresce sem descontinuidade. O poder do imperador, do primeiro ao último, está em confronto direto com o cosmogônico. Modelo de uma "criação continuada", mas submetida à entropia. É preciso, portanto, regenerar o mundo, restaurá-lo por meio do contato com as forças vivas do além. Em intervalos regulares, os templos são reconstruídos, os santuários domésticos refeitos, os limites redesenhados. Não se refunda pela excelente razão de que jamais se fundou. A Índia védica propõe outra maneira de não pensar em termos de fundação. Recusa de localizar, de dar forma a um sítio. Sem dúvida, as aldeias são habitadas. Os indianos têm cidades, fortalezas. Mas estes sedentários valorizam o nomadismo, eles têm horror à localização. A idéia de lugar fixo os revulsa. A Índia dos Vedas descobre um espaço aberto sem templos nem localidades individualizadas. Um mesmo lugar repete-se. A área sacrifical, este módulo intenso, não se funda; ela se estende ao redor de fogos nômades, ela se apaga atrás do sacrificante. É um perfeito não-lugar.

O que devemos colocar no ato de fundar que nos parece estar no coração de "estabelecer um território"? Sem dúvida, a singularidade de um espaço, marcada por um nome, traços particulares, um limite determinado em um espaço mais vasto. Sem dúvida, um começo no tempo, em uma História, em uma cronologia; com alguma coisa como um acontecimento inicial, isolado, reconhecido, saliente e até solene. A fundação parece exigir um início significativo, pronto para ir no sentido de um processo histórico. Finalmente, pensando no fundar, fazemos referência a um ato, a gestos, a um ritual ou a um cerimonial inseparável de um indivíduo (Rômulo ou... Clóvis) que está na origem do lugar, e até do enraizamento neste lugar, definitivamente único.[8]

O comparativismo plural, procedendo deste modo, multiplica as questões em torno da falsa transparência de "fundar". Em poucas palavras, ele entrega-se a uma análise conceitual daquilo que queria dizer "estabelecer um território", deslocando-se entre sociedades que, todas, são ativas para territorializar, mas umas servindo-se de "fundar", outras fazendo disso um uso discreto, e terceiras fazendo disso pura e simplesmente a Economia.

A arte de amoedar

O comparativista, transformado no "nós-eu", circulando entre civilidades cada vez mais dissonantes à medida que se tornam mais leves as passarelas empregadas, não cessa de passear com duas ou três questões no bolso, como se quisesse assim estender o mais largamente possível o campo de uma investigação da qual ainda não soube fixar os limites. Por outro lado, como poderia fazer isso? A China taoísta ensinou-lhe que jamais se funda uma cidade, mas sempre um lugar santo, e que a fundação de um lugar santo se realiza por meio de gestos que purificam um altar com sua área sacrifical; os índios das florestas da América do Sul mostram-lhe como se faz para não criar sítios, para conjurar a tentação de um território, deslocando a cada vez seu centro e seus limites; uma África de cidades com muralhas, apenas entrevista do lado do Camerun,

---

[8] Essa limpeza conceitual foi feita por Charles Malamoud, tão bem quanto nos dar o choque de um incomparável, colhido expressamente para nos conceder um feixe de questões e de perspectivas. Cf. "Sans lieu, ni date. Note sur l'absence de fondation dans l'Inde védique", em *Tracés de fondation*, op. cit., p. 183-191.

pareceu-lhe fazer vacilar a imagem primordial de Roma e de seus fundadores, cuja força se alimentou do sangue mais próximo derramado nas entranhas da terra e pela coroa de seus muros. Quantas outras sociedades e culturas ignoradas ou desconhecidas ele não deveria fazer entrar no campo da comparação que se empenha em construir? Pouco importa, pois este comparativista deve estar indiferente à completude, e sua intenção não é a de produzir um modelo abstrato da fundação, e muito menos de entregar uma classificação tão fina quanto possível das formas culturais do "estabelecer um território". Para amoedar melhor e mais a idéia de "fundar" no âmbito de "territorializar", o comparativista singular-plural continuamente pergunta-se: O que é um lugar? O que é um limite? O que é começar? Certo de que não se trata de procurar a essência, e sim de descobrir suas formas móveis e múltiplas. Um lugar? Sim, há lugares que falam, outros que apenas fazem um sinal; alguns são ventres a engravidar, bocas a alimentar, olhos que choram. O lugar tem um nome? Ele é fixo? O que quer dizer habitar um lugar? Habitar, pôr em ordem, construir, é uma cadeia contínua? Há lugares declarados como vacantes, purgados, bons para deles tomar posse. As sociedades desenvolvem uma ciência dos lugares, um saber muito competente dos sítios: é a geomancia, na China, na África. Por sua vez, um filósofo grego em sua aldeia na Ática, batizada de Academia, poderia fazê-lo descobrir a estranheza daquilo que é um lugar em sua relação com o movimento e com o corpo. Por exemplo, que o lugar é a sucessão infinita dos limites que nascem e desaparecem no curso do deslocamento de um corpo; que um lugar permanece sempre para trás do corpo em movimento, que ele é seu traço, sua silhueta, que ele segue o corpo móvel como uma sombra cintilante. Por qual motivo perturbar a imagem tão clara de um altar bem retangular ou totalmente redondo e plantado para sempre no mesmo lugar? E o limite, então? Onde está ele? De onde vem? Do matagal, da aldeia, da pele da terra, de sua boca muda? É preciso estar pronto para o pior: o limite é fixo, móvel, poroso, inviolável, claramente visível? Está sempre para ser traçado, percorrido, circunscrito? Se ele está, por milagre, definitivamente traçado, quais são os meios postos em ação? Quais são os garantes dele? Fascinante limite que pode se alojar na janela, nos gonzos, nos ferrolhos, tão facilmente quanto no centro – e por que não? –, no lar.

Amoedemos mais. O incomparável nos impele aí, onde descobre a estranheza dos primeiros gestos e dos começos iniciais. Começar, inaugurar, cortar, instituir: como cada cultura pensa junto, separadamente ou em configurações inéditas, fazer, produzir, criar, procriar, inventar? Como a origem se diz em relação ao devir e ao começar? Como a cosmogonia coabita com cortar, fundar ou inaugurar? Entre a Haute-Volta, a Índia contemporânea, a Roma de Romulus ou as primeiras cidades gregas, há gestos, concretos ou metafóricos: cortar com cutelo, traçar com cordel, dar um assento, enraizar, abandonar um embrião. Há também os objetos; aqueles que territorializam mais que outros: o lugar santo, a primeira casa, o altar arquitetado, a área sacrifical, o templo. Formas matriciais: um templo, na Índia, é um reino inteiro, a terra habitada. De onde origina-se a fundação? No céu, de onde ela desce como em uma terra ávida? Da terra que a faz surgir, como no hinduísmo de hoje? Do encontro entre algo já presente e outra coisa, vinda de outro lugar, do estrangeiro, de uma terra longínqua? Porque existe a fundação de bronze e de arame, a das colônias que praticam cada uma a seu modo a China, Roma e a Grécia. O que se toma consigo? Um jarro contendo fragmentos recolhidos sobre o altar dos ancestrais? Um cutelo sacrifical flanqueado de uma cabaça cheia pela metade de mingau de mel? Uma marmita e algumas brasas da Lareira comum? E a linhagem, os ancestrais, os mortos, o que se faz deles? Não é possível fabricar a ancestralidade in loco? O nacional empertiga a orelha. E como!

Não esqueçamos o fundador, suas figuras, suas máscaras, as configurações às quais ele pertence, as que ele marca profundamente com seus gestos e com sua impressão. Entre Céu e Terra: na Mesopotâmia, é um deus que tem a iniciativa, e o rei fundador de templos e de cidades segue escrupulosamente o plano desenhado no alto. Na África, na Índia, na Grécia, é um mortal, ora um caçador experiente sobre um sítio, ora o que renuncia ao Hinduísmo e foge através de uma floresta, ora, finalmente, o assassino exilado andando pelos caminhos traçados por Delfos e seu oráculo. Conforme a natureza de suas relações com a Terra e suas representações, ele terá mais ou menos iniciativa. Se, por exemplo, como em Burkina Faso, o verdadeiro poder circula entre os Senhores da Terra, o fundador não poderá se conduzir como chefe autoritário, como o fundador grego, dito arquegeta, que caminha conquistando, toma posse, corta, marca e delimita um espaço decretado como vazio e deserto. Há o fundador tímido e precavido, estabelecendo uma primeira habitação que contém em si uma aldeia e uma comunidade já com seus ancestrais. Há o fundador possuído por seu duble, tomado pela violência e pelo sangue derramado que vem enraizar. Há também o fundador tomado pela própria fundação para tornar-se um ancestral de exceção, um ancestral entre outros, ou ainda um morto abstrato, fora de linhagem, um símbolo político, uma simples idealidade.

Mecanismos de pensamento

Caminhando sempre mais em frente entre os "traçados de fundação", o comparativista tem o sentimento de descobrir um conjunto de possíveis, cuja amoedação conceitual mostra elementos singulares e constitutivos de arranjos diversamente configurados. Decompondo a categoria "fundar" no âmbito de "estabelecer um território" por meio de uma dúzia de culturas mobilizadas para esta experiência, o comparativista procede a uma desmontagem lógica que lhe permite descobrir articulações entre dois ou três elementos, isolar microconfigurações abrindo-se sobre diferenças cada vez mais refinadas e contíguas. O coletor comparativista percebe que está a ponto de analisar mecanismos de pensamento nos arranjos que parecem se deixar descobrir sob uma série de pequenas entradas, de nenhum modo temáticas. Por exemplo, "figura inaugural que vem de fora", "poder do lugar sob forma de Terra", o "não-início" e aquilo se segue, a cada vez, em duas, três ou quatro culturas que oferecem uma traçado próximo, mas que jamais é exatamente o mesmo.

Examinemos algumas delas fornecidas pela mesma pesquisa. Em torno do "não-início" que serviu de incomparável: há a Índia védica, o Japão, os índios da floresta (Guayaki e Yanomani). O "não-início" na Índia védica escolhe articular o não-lugar, a recusa da singularidade temporal. Ao passo que no Japão é o cosmogônico que, estendendo-se, permite o "não-início", mas apela para a regeneração, para a restauração contínua. A arte dos índios da América do Sul para "não começar" é recusar criar sítios, deslocar-se sobre um mesmo território mas mudando sempre um "centro" efêmero, tão cuidadosamente apagado como os restos de seus mortos. Uma entrada "restos", uma outra "mortos-ancoragem" autorizariam imediatamente a confrontação entre a Índia védica, os Guayaki e os arquegetas-fundadores na Grécia.

Tomemos agora a entrada "poder do lugar sob forma de Terra". O Burkina Faso, na terra kasena, propõe uma figura da Terra, primeira, englobando os trogloditas já presentes, o conjunto dos pedaços de mato chamados "peles da Terra" sob os quais não há assento. Ao Senhor da Terra pertence o domínio de cada territorialização, que é coordenada por um errante do mato, o Peul estrangeiro. Na China taoísta há o deus Sol presente em todo lugar santo e que se desdobra em deus Muralha. Nas tradições da fundação régia, o deus Sol se torna duplo: filho do Céu e filho do primeiro Rebelde, o dançarino armado de espada; o segundo, vítima incorporada sob a porta para fixar a muralha no solo. Como se o Sol, em forma de lugar santo, estendesse a fundação sem soltar o Céu ou a Terra.

O que são, portanto, os "comparáveis" entre historiadores e antropólogos? Não são temas, repitamos, mas os mecanismos de pensamento observáveis nas articulações entre os elementos arranjados conforme a entrada: "figura inaugural que vem de fora", "não-início", ou outras. Estes mecanismos são "placas localizadas de encadeamento quase causal", retomando a fórmula de Gérard Lenclud. Expliquemo-nos. A partir do momento em que foi descoberto um traço significativo, uma atitude mental (escolher, rejeitar...), tal traço, tal atitude fazem parte de um conjunto, de uma configuração. E o modo pelo qual este traço, esta atitude – arbitrária, convencional – estão ligados à configuração de conjunto não é livre. De um modo ou de outro, "é preciso que essa configuração se torne um pouco sistema". Somos assim levados a postular uma espécie de coerência relativa, "placas de coerência". A hipótese que acompanha essas desmontagens lógicas, essa amoedação conceitual da qual demos exemplos tão numerosos, é que os elementos de uma microconfiguração não se distribuem ao acaso. Lenclud, lendo por cima de meu ombro, mostrou-me que relações se instituem entre os diferentes elementos. Sim, em cada microconfiguração há uma espécie de orientação.

Os comparáveis que organizamos por meio de intuições sucessivas são essas orientações, essas relações em cadeia, essas escolhas. Escolhas entre possíveis. Quando uma sociedade (não global, mas localizada em sua ou em suas microconfigurações mantidas) adota um elemento de pensamento, ela faz uma escolha entre outras que teria podido fazer. O trabalho do analista singular-plural consiste em reconhecer as dificuldades das configurações colocadas em perspectiva. Trata-se de compreender como um microssistema de pensamento é impelido a organizar seus elementos constitutivos em relação a entradas ostentadas anteriormente: o "não-início", "poder do lugar sob forma de Terra" etc. Nesse comparativismo, e construtivo, como vemos, os "comparáveis" não são tipos para estabelecer uma tipologia (por exemplo: o fundador caçador, andarilho, precavido, impetuoso, sei lá...). Também não são formas que permitiriam edificar uma morfologia do território ou da casa... Os comparáveis são placas de encadeamento decididas por uma escolha, uma escolha inicial. Historiadores e antropólogos, treinados para trabalhar junto, privilegiam as reuniões realizadas a partir de escolhas lógicas, próximas, mas diferentes.

Entre a autoctonia e a refundação

Um exemplo escolhido na civilidade grega mostrará melhor ainda em quê comparar soluções lógicas é radicalmente estranho para um comparativismo que gostaria de notar semelhanças e contrastes ocasionais entre o asceta fundador do hinduísmo, o caçador peul surgindo bruscamente em uma terra ávida, e o arquegeta pondo o pé sobre a margem de uma região desconhecida. Falo da civilidade grega para não deixar crer que se trate de privilegiar os gregos diante dos chineses ou da Índia. Sobre o terreno grego, enriquecido por seus 12 séculos de História e suas cerca de 700 cidades, o historiador-antropólogo suspeita de início que as microconfigurações possíveis e observáveis são numerosas. De início, e porque elas são mais claramente desenhadas, ele encontra dois caminhos: o do arquegeta, evocado mais de uma vez. O da autoctonia, ainda familiar a nossos ouvidos nacionais. O arquegeta, na época arcaica, entre uma série de pequenas cidades descobre uma figura inaugural que vem de fora. Em *Apolo, de cutelo na mão*,[9] segui atentamente suas relações com os caminhos traçados, o pé solidamente pousado, os umbrais, as portas, os recintos cortados a cutelo. O arquegeta, com a lâmina sacrifical, separa uma porção de terra declarada vazia e deserta, desenha o espaço do altar inicial sobre o qual seu cutelo vai degolar e depois cortar e partilhar a vítima animal, cujos pedaços de peso igual são reservados aos membros da nova comunidade. O fundador-arquegeta – como "figura inaugural vinda de fora" – anda com passo firme na direção de um modelo "político" da territorialização. Ele não institui nem uma casa nem um templo, mas uma cidade. A qual não parece conhecer um "já presente", e nem o "poder do lugar sob forma de Terra". Esta alta figura de Terra, a *Gaia* da *Teogonia* de Hesíodo que funda a si própria, chama-se a Autofundada. Assim como ela se estende no santuário, de onde parte a figura inaugural do arquegeta, essa primeira configuração encadeia ao ator vindo de fora o poder que repousa

---

[9] Marcel Detienne, *Apollon, le couteau à la main*, Paris, Gallimard, 1998.

duravelmente – é Têmis em Delfos – e que modela conforme o oráculo os caminhos da palavra que se abrem sobre as virtudes do criar e do fazer. Este encadeamento leva a reconhecer no coração da moradia do deus arquegeta as relações internas entre Posídon, deus dos pedestais, e Héstia, poder do lar, ao mesmo tempo centro e fogo sacrifical com vocação primordial.

Em contraste imediato com o modelo do "fundador vindo de fora quando a Terra está silenciosa", o antropólogo-historiador da civilidade grega não tem dificuldade de distinguir os traços da autoctonia,[10] esta configuração arrogante alardeada pelos atenienses diante dos outros gregos, todos, sem exceção. Um pequeno delírio, mas que se torna dominante, em um século, aquele que os historiadores domingueiros chamam de ouro na Espanha ou na Grécia: o séc. V, aquele que os acadêmicos reservam para si. Atenção! Eis que as pessoas de Atenas se proclamam filhas da Terra, não vulgares *Gègeneîs*, saídos do solo como rústicos, como bundas-sujas, mesmo que da Arcádia, mas nascidos da própria Terra, a Terra historial da Ática, com uma identidade própria, tão perfeita que leva Isócrates, Platão (à moda da paródia) e Eurípedes (com qual ironia, atenção!) a apontar com o dedo os elementos impuros, aqueles que sujam a *pureza* do ateniense de pedestal, sim, esses parequos, esses metecos, que causam injúria por sua simples presença em nossos subúrbios no Erecteu, o filho "querido" da Terra negra, alimentado pelos cuidados de Atena sobre o próprio solo da Ática.[11] A Ática em si, da mesma forma que o Passado, mais tar-

---

10 Explorada notoriamente por Nicole Loraux, *Les Enfants d'Athéna*, 2ª ed., Paris, Éd. du Seuil, 1990; *Né de la Terre. Mythe et politique à Athènes*; Paris, Éd. du Seuil, 1996.
11 Não é tempo de demonstrar. Esperando a seqüência, encontraremos elementos em dois ensaios: "Qu'est-ce qu'un site?", em M. Detienne (dir.), *Tracés de fondation*, op. cit., p. 13-15; "La force des femmes, Hera, Athena et les siennes", em Giulia Sissa e Marcel Detienne, *La Vie quotidienne des dieux grecs*, Paris, Hachette, 1989, p. 231-252.

de. Atenas a admirável, cujos filhos podem se dizer puramente gregos, pois atenienses por quintessência, e puros de qualquer mistura, eles que vão escolher (ignoramos com qual maioridade) a lei de 451, que exige, era tempo, uma dupla ascendência ateniense dos dois lados, tanto em linha materna (Viva os atenienses! Eles encontram-se na vanguarda do feminismo!) como em linha paterna. Por que foi preciso esperar Péricles para se sentir finalmente autêntico e puro ateniense? Portanto, é claro, uma outra orientação cujo corte e brilho ferem o "nós-eu" em busca de escolhas e não tanto de elementos que possam esclarecer de viés uma microconfiguração, justamente ao lado. Sim, Tebas, a de Édipo, ou melhor, antes de Édipo e de sua matilha de intérpretes.[12] Longe das grandes caçadas noturnas, existe a cidade de Tebas e os relatos de fundação, para ela também. Tebas é fundada por Cádmo, então sem Harmonia. "Figura inaugural vindo de fora", Cádmo como o menos afortunado dos arquegetas seguiu o caminho designado pelo oráculo de Apolo e traçado, na ocasião, por uma novilha cujo manto é realçado por manchas brancas em forma de lua cheia. Impossível fazê-la falhar. No lugar em que, prostrada de cansaço, a vaca lunar desfalecer, Cádmo deverá sacrificá-la e fundar uma cidade. Singularidade primeira da futura Tebas: o já-presente, sob a forma de uma serpente, nascida de Ares, o deus da guerra em excesso, e de Erínia Tilfoussa, divindade da vingança do sangue. Ares, já presente, como Terra cúmplice de Erínia, leva por vezes o epíteto de Anção da Terra, *Palaichtôn*, esse primo próximo de Autóctone. A intriga se estabelece: para sacrificar o animal-guia, Cádmo vai procurar água na fonte mais próxima. Ele mata a serpente sentinela, provocando assim a cólera de Ares, que o obriga a semear os dentes do dragão caso pre-

---

12 Cf. François Vian, *Les Origines de Thèbes. Cadmos et les Spartiates*, Paris, Klincksieck, 1963.

tenda fundar a cidade anunciada por Delfos. Dessa semeadura de dentes assassinos vão surgir guerreiros totalmente armados, os Espartanos, portanto, nascidos da Terra, que se precipitam logo uns contra os outros para mutuamente se matar. Os sobreviventes, em número de cinco, serão os primeiros cidadãos de Tebas. O modelo tebano, entrevisto com dificuldade, entrelaça uma série de entradas com orientações divergentes, mas que é preciso analisar, passando pelos caminhos da refundação. Em Tebas, sim, impossível: é a porta condenada. Ao passo que, em uma série de cidades, é uma escolha recorrente, menos insignificante do que parece. É na configuração ateniense, ao voltar de Tebas, que se encontra o mais prometedor. Porque é insólito, a ponto de os doutores em autoctonia o terem, há muito, expulso com as costas da mão. Sem dúvida, nem tudo é transparente no "nascer de si mesmo". Há esses leves deslocamentos entre Erecteu e Cécrops, o primeiro angüípede; os afastamentos entre Erictônios (nascido da semente – que estou dizendo? – da ejaculação de Hefesto evitada por Atená com um golpe de anca, mas lançada em cheio no olho da Terra) e Erecteu. Simples escaramuças, pois o ponto mais importante é a revanche de Posídon. Tudo parecia em ordem: unanimidade do júri, grande cólera esquecida, mas eis que, em pleno século de ouro, Posídon, à frente da cavalaria trácia, vem socorrer seu filho, o Bom Cantor, Eumolpo, o mestre de Elêusis e de seus mistérios. Uma guerra, uma verdadeira guerra começa entre o clã de Posídon e o de Atená. O rumor de um oráculo habita as pessoas de Atenas: para que a cidade seja salva, o sangue de Erecteu deve ser derramado. Uma de suas filhas deve ser degolada sobre o altar da lúgubre Perséfone ou para a Terra que está muito faminta. E não é o bastante: o próprio Erecteu, violentamente mergulhado em *sua* terra e sobre a Acrópole onde parece reinar uma Atená impávida, tornara-se sob a terra e com Posídon, portando com soberba o nome de sua vítima, sim, Posídon-Erecteu, ele será, eles serão juntos o fundamento e o alicerce. Graças a eles todos – a filha de Erecteu degolada, Erecteu embutido em Posídon –, os fundamentos da cidade são "reerguidos". Doravante, a autoctonia, tão fortemente enraizada, parece estar ao abrigo de todo cisma. Fundar-refundar, Sólon conhece a canção. Bem antes do século de ouro ele havia falado de fundar a cidade e com leis, as *thesmoi*, essas palavras estabelecidas duravelmente, e pelo menos, segundo seu voto, por cem anos.[13] Ele sabia que não era o primeiro nem o último. Não é necessário ser grande comparativista para entrever aquilo que uma pesquisa que visa construir os comparáveis traz como vento fresco nas cabeças historiadoras inclinadas sobre Atenas, seu imaginário, e até seus acontecimentos brilhantes entre 451 e 404, antes de nossa era, insisto.

Para que comparar?

Boa pergunta. Não podemos evitá-la, porque ela resiste como grama nas salas tristes da Sorbonne, em Hopkins, em Pisa, em Berkeley, na própria Chicago, mas sempre na boca franzida de um *classicist*. Olhemos calmamente em seus olhos. O para quê volta sempre. Não façamos dele uma doença. Tentemos compreender. Imagino um jovem historiador no metrô ou em um banco de Luxemburgo. Ele acaba de comprar pelo preço de dois sanduíches *A identidade da França*. Faminto, ele devora a introdução de Braudel, jovem acadêmico que confessa sua

---

13 F. Blaise, "Solon, Fragment 36 West. Pratique e fondation des normes politiques", *Revue des études grecques*, 108, 1995, p. 24-37.

nostalgia da França, a França retrospectiva, rica ao infinito de experiências já feitas. Terreno sonhado para uma História comparativa. Seu leitor mascante apressa-se para ler a seqüência, uma História comparativa, qual?: "uma História da pesquisa das semelhanças, condição para a verdade de toda ciência social".[14] Contanto que este infeliz jovem não abra no mesmo dia uma pequena obra vesperal assinada por Moses I. Finley, em que o grande historiador da Antigüidade, tornado Sir, apresenta seu sentimento sobre o que é preciso pensar a respeito das relações entre a Antropologia e a Antigüidade clássica.[15] Um perfeito "assunto de mesa" para *scholars* de Cambridge. E o Finley da tarde continua sem cerimônia, colocando a questão de confiabilidade: "Em que a Antropologia é *útil* para a História antiga?" É um verdadeiro depósito de balancete, e voltarei a isso. Mas, de passagem, Finley arrazoa Radcliffe-Brown e mostra a seu público, o do show de Jane Harrison que, com toda evidência, a Antropologia nasceu para estabelecer "*suas leis gerais*" e pisotear as diferenças. O coração dos historiadores logo lhe faz eco: os contextos são negligenciados; comparemos aquilo que é comparável... Mascando, digo a vocês: eliminem os preconceitos, e disso restará sempre alguma coisa.

Nos olhos, portanto. Serve para quê? Simplesmente porque escolhi o campo daqueles que preferem uma História aberta para o conjunto das sociedades humanas no tempo e no espaço. Em vez da pedreira de uma História de cantão ou do prado quadrado de uma História chamada de nacional. Em função dessa escolha, penso que a Antropologia, em primeiro lugar, alimenta esse próprio grande projeto com uma determinação

---

14 Fernand Braudel, *L'Identité de la France*, Paris, Flammarion, 1986, p. 16.
15 Moses I. Finley, *Sur l'histoire ancienne*, Paris, La Découverte, 1987, p. 29-30, "Anthropologie et Antiquité classique".

comparativa, bem mais forte. Sim, comparamos. Não para encontrar ou impor leis gerais que nos explicariam finalmente a variabilidade das invenções culturais da espécie humana, o como e o porquê das variáveis e das constantes. Comparamos entre historiadores e antropólogos para construir comparáveis, analisar microssistemas de pensamento, esses encadeamentos que decorrem de uma escolha inicial, uma escolha que temos a liberdade de apresentar ao olhar de outros, escolhas exercidas por sociedades que, no mais das vezes, não se conhecem entre si. Esse comparativismo, do qual darei outros exemplos a seguir, escapa, se bem vejo, às queixas daquelas ou daqueles que decretam "sem utilidade" a atividade comparativista, alegando que comparar é se deixar cair sem elegância na analogia e em seu cortejo de evidências, umas mais ingênuas do que as outras. Como se – vejam bem – se tratasse ainda e sempre de partir daquilo que conhecemos para anexar, apressadamente, aquilo que mais ou menos se lhe assemelha.[16] Pobres humanos condenados a tomar um objeto já totalmente constituído, totalmente armado, e aproximá-lo tal qual, de modo compulsivo, de um objeto supostamente semelhante, percebido do outro lado do Reno ou de uma fronteira montanhosa...

O comparativismo de comparáveis que defendo não pode ser acusado de "transferência de objetos" nem do pecado – tornado capital para Durkheim – de tipologia e até de morfologia. O adversário poderia insistir: em que é útil detectar e analisar mecanismos de pensamento? Objeção que poderia ser dirigida a todo aquele que procura explicar e argumentar a fim de estabelecer uma relação de causalidade ou para colocar em relação elementos ou conjuntos de relações de um sistema cultural,

---

16 Neste sentido, podemos ler as reflexões de J. Dakhlya, "La question des lieux communs", em Bernard Lepetit (ed.), *Les Formes de l'expérience*, Paris, Albin Michel, 1995, p. 39-61.

econômico ou social. Privilegiando o conhecimento intelectual, o dos outros, de outro lugar ou do passado, esperamos sempre não ser convocados de manhãzinha diante do Grande Júri, repentinamente arrancado de sua sonolência, para perguntar-nos sobre a utilidade de nossas atividades. Útil, diriam vocês? Pretendo dar uma resposta sobre este ponto. Eu disse como o obstáculo maior para o exercício comparativista se aloja no fato nacional, na "espessura do fato nacional", escrevia François Furet, que separa tão duramente a História em relação à Etnologia. Os nacionais podem ir todo ano, na mesma data cinzenta, depositar flores e coroas cada vez mais esplendorosas sobre o túmulo de Marc Bloch, resistente e mártir da História comparada, mas não mostram *nenhum* interesse pela aventura comparativista. Não foram eles criados, alimentados e alvejados no seio do Incomensurável, do santíssimo Incomparável, esta Nação da qual eles são, logo que escolhidos, os guardiões, os depositários juramentados pela agregação e pela missão recebida das próprias mãos de seus mestres?

Há um valor ético da atividade comparativa que desejo defender. É que ela convida a pôr em perspectiva os valores e as escolhas da sociedade à qual se pertence, seja por ter nela nascido pela graça de Deus, seja por tê-la escolhido como sua História idiossincrásica, seja ainda por ter sido levado a nela viver até tornar-se seu residente, mais ou menos assimilado, aceito ou aculturado. Não parece demasiado presunçoso dizer que, construindo comparáveis, mais ou menos bons em diversos casos, entre historiadores e antropólogos, aprendemos a nos colocar à distância de nosso eu mais animal, a ter um olhar crítico sobre nossa própria tradição, para ver, ou entrever, que ela é, verdadeiramente, uma escolha entre outras. Cada um é livre para cultivar essa escolha, para aprofundá-la, quer seja a de uma paisagem ou a de uma nação, com seu próprio risco e perigo. Compreender diversas culturas da mesma forma que elas próprias se compreenderam, depois compreendê-las entre si; reconhecer as diferenças construídas, fazendo-as funcionar umas em relação às outras, é bom, é mesmo excelente para aprender a viver com os outros, todos os outros dos outros. Maneira de caminhar, como diz Tzvetan Todorov, para o necessário desapego de si mesmo e para o justo conhecimento dos fatos sociais.[17] Uma finalidade prática, com toda certeza.

---

17 Tzvetan Todorov, *Nous et les Autres. La réflexion française sur la diversité humaine*, Paris, Éd. du Seuil, 1989, p. 85-109.

III

COLOCAR EM PERSPECTIVA OS REGIMES DE HISTORICIDADE*

Para muitos de nossos amáveis contemporâneos, estar na História e ter um passado é uma evidência e demonstra senso comum. Certas sociedades, hoje, estão muito mais seguras de possuir um passado como os outros ou que sua consciência histórica seja clara e sem perturbação. Tomemos, ao acaso, o exemplo da sociedade russa, a ex-União Soviética:[1] ela por muito tempo conheceu uma História oficial, "científica" e constantemente reescrita em função de critérios ideológicos, mas sempre segundo os esquemas de uma interpretação marxista destilada pelas instâncias do Partido comunista. Com a *Perestroïka* e a chegada de Mikhail Gorbatchev ao poder (1985), os russos começam a questionar o passado, e de modo bem radical. Denunciam as "mentiras" da História oficial. Escrevem, por fim, a História proibida de seus campos de concentração, dos purgantes, das execuções durante a noite. Em 1989 vai-se mais longe: começa a crítica da Revolução de outubro; procura-se reatar com a Rússia industrializada e ocidentalizada, a de antes de 1917. O recurso ao passado vem oferecer a uma nova elite liberal a promessa de um bem-estar futuro. Ao mesmo tempo, toda uma parte da população descobre o peso da culpabilidade coletiva e aprende que é preferível esquecer a tragédia do stalinismo. Para a imensa maioria

---

* Uma primeira versão destas reflexões foi apresentada em um seminário sobre a historiografia deuteronomista a convite de Françoise Smyth e de Albert de Pury, cúmplices em comparativismo. Nesse tipo de pesquisa exposta a todos os ventos, tive prazer e grande proveito de navegar na companhia de François Hartog e de Gérard Lenclud, que se encontravam igualmente no porto de Marselha, há alguns anos atualmente.

1 Cf. por exemplo Maria Ferretti, *La Memoria mutilata. La Rússia ricorda*, Milão, Corbuccio, 1993; Véronique Garros, "Dans l'ex-URSS: de la difficulté d'écrire l'histoire", *Annales ESC*, 1992, p. 989-1002.

dos russos, dar-se uma imagem de si mesmo no passado, que seja aceitável, parece uma tarefa urgente, mas muito incerta.

Evoquemos um segundo exemplo, desta vez entre a América do Norte e a América do Sul. Cada vez mais freqüentemente, à medida que as sociedades indígenas, anteriores a Colombo ou desapossadas pelo avanço dos ianques, tomam consciência do que se passou e levantam contra o Estado americano processos diante dos tribunais. Os descendentes dos autóctones são então chamados pelos juízes para fornecer as "provas históricas" de seus direitos sobre territórios mais ou menos extensos. Tais sociedades são obrigadas a explicitar sua pertença a uma História, que elas nem sempre viveram e pensaram com os mesmos meios que seus interlocutores ingleses ou ocidentais. Esses possuíam homens de lei, arquivos, documentos chamados de oficiais, estabelecidos pelo Estado e, portanto, o poder central que os caucionava. Os outros dispunham de sinais e marcas, perfeitamente claras para seus vizinhos ou seus inimigos; eles se fundavam igualmente sobre grandes relatos míticos que seus chefes por vezes, no início do séc. XX, tinham levado até os acontecimentos contemporâneos. Portanto, ora certas sociedades são levadas a se dar uma História identitária conforme novos critérios, ora outras culturas devem renunciar a uma História que parecia imutavelmente voltada para o futuro e reaprender a pensar o presente em função de um futuro diferente e de um passado revisitado.

"Desconfiar da História"

Convenhamos de início: quem pretende desenvolver uma análise comparada dos regimes de historicidade rejeita implicitamente qualquer cumplicidade com aqueles que admitiriam, por mais levemente que fosse, a evidência de uma partilha inicial entre sociedades dotadas de uma "consciência histórica" e sociedades que dela estariam desprovidas. Parece-nos tão impossível fazer abstração de nosso próprio regime historiográfico, quanto parece-nos urgente analisar seus componentes, suspeitar de sua aparente unicidade e interrogar seus pressupostos, de modo a observar com a mais constante lucidez as modalidades de consciência de si adotadas por uma sociedade, seja ela qual for, por meio da construção do tempo ou da percepção do passado.

Em 1983, em sua *Conferência "Marc Bloch"*,[2] que lhe permitiria voltar sobre o velho debate "História-Etnologia", Claude Lévi-Strauss lançava um paradoxo que nos ajudará a introduzir uma reflexão comparativa: "Todas as sociedades são históricas com o mesmo título, mas algumas admitem isso francamente, enquanto outras o repugnam e preferem ignorá-lo". Frase que Lévi-Strauss repetiu como uma convicção: as sociedades primitivas desconfiam da História, não gostam dela, e apenas a suportam. O paradoxo de Lévi-Strauss se dirigia a um auditório de historiadores, e mais amplamente a todos aqueles que entendem "histórico" em seu duplo sentido: de um lado, estar no tempo da natureza como todos os vivos; do outro, estar *consciente* de que a espécie humana, em seu estado presente, possui uma História, e que ela a faz ou ao menos que ela a atribui a si o quanto possível. Detive-me sobre essa fórmula de um antropólogo – tão lúcida, por outro lado, sobre tantas questões pertinentes, sobre esse próprio terreno – porque ela ostenta a crença de que a escolha é simples e livre: admitir francamente sua historicidade ou então dela nada deixar transparecer. Temos aí uma espécie de homenagem de Lévi-Strauss

---

2 Claude Lévi-Strauss, "Histoire et ethnologie", *Annales ESC*, 1983, p. 1217-1231.

à suprema elegância de sociedades chamadas, ainda ontem, de arcaicas e dotadas de um pensamento mítico que gosta de pensar a si mesmo e que gosta de percorrer seus labirintos conceituais até preferir, quando chega o dia, "desistir de si" em favor de uma Filosofia, aquela que emerge como a condição prévia da pesquisa científica.

Não é necessário ser historiador da História enquanto saber incisivo de nossa cultura, para conhecer que pensar o passado como "coisa diferente", e até como radicalmente cortado do presente, apresenta-se, pelo menos no Ocidente, como um longo e difícil empreendimento. Cada um sabe que o cálculo objetivo do tempo na medida matemática e científica do tempo físico como fundamento da datação e do calendário é uma aquisição recente do saber dos astrônomos e dos matemáticos, pelo menos em nossa cultura. De modo inverso, para que uma sociedade se reconheça como histórica, sem dúvida, não é necessário que ela construa um modelo do tempo linear nem que ela privilegie uma representação do acontecimento como imprevisível e que não se repete jamais exatamente da mesma forma, nem que ela descubra o dinamismo próprio da História das ações humanas. Os transtornos contemporâneos, assim como a demanda tão forte do "multicultural" no mundo de hoje, convidam os antropólogos e os historiadores a colocar em ação uma abordagem comparativa das diversas formas de experiência da História, no espaço e no tempo. Do que se trata? Trata-se de colocar em perspectiva – sem julgamento de valor, sem fito tipológico imediato – modelos de pensamento e de escritura de historicidade, aplicando-se a suas construções, a suas lógicas de estruturação, a seus usos, a suas crises internas, a distâncias significativas que apresentam entre si, mas também a sua circulação, a seus encontros, a seus choques.

Insistamos sobre a natureza desta abordagem. Alguns de nossos predecessores distinguiam de modo radical entre sociedades sem História e sociedades com História. Recusamos essa divisão absoluta, traçada pelo julgamento de uma História ocidental e que nada deve à análise comparativa. Pensamos que a pesquisa hoje deve versar sobre aquilo que Marshall Sahlins chama de "regimes de historicidade". Desejamos analisar de modo comparativo "as diversas formas de consciência histórica, de experiência semântica da História, de construção conceitual do tempo humano, sem por esse fato postular a coerência necessária, nem, por conseguinte, levantar a hipótese de uma correlação estreita entre cultura e regime de historicidade".[3] Nesse domínio, os antropólogos e os historiadores encontram a maior vantagem de trabalhar junto a fim de construir, por meio de ajustamentos respectivos, as categorias e as configurações conceituais mais adequadas à inteligência daquilo que podemos chamar, para nos entendermos, de "consciência histórica". Para maior clareza, consideramos três questões: reflexões gerais sobre a memória e sua relação com o pensamento histórico. Em segundo lugar, a análise do que é a mudança: as representações, os diferentes modelos mais especificamente representados na Grécia arcaica. Último ponto: o passado, os diferentes modos de dizer, de pensar, de construir o passado, e as dificuldades para inventar e definir um passado longínquo e *in se*, em si mesmo.

---

3 Refiro-me aqui a "Regimes d'historicité, modèles de temporalité" (Documento preparatório para o Colloque MRT, Anthropologie contemporaine et anthropologie historique, Marselha, 1992, não publicado), escrito por François Hartog e Gérard Lenclud.

Memória e pensamento historiador

Na História da espécie humana, a memória e seu desenvolvimento desempenharam um papel importante. Esta constatação não autoriza de modo algum crer ou repetir que a memória faz nascer espontaneamente representações do passado; ela também não deveria permitir que certos historiadores, em busca de uma nova missão, escrevessem que a memória "verdadeira" perde-se ou está a ponto de se perder, como se houvesse uma memória autêntica, reservada às sociedades felizes e sem História ou consciência histórica. Os filósofos e os historiadores da atividade mnemônica estão mais atentos que os conhecedores de laboratório para aquilo que se pode chamar de organização da memória, não enquanto domínio espacial de um estoque de informações, mas como apreensão no tempo de uma distância de si em relação a si mesmo.

Freqüentemente notamos que um dos momentos mais importantes dessa construção do mnemônico se situa no séc. IV de nossa era, quando, no livro XI das *Confissões*, Agostinho põe-se a refletir sobre as aporias da experiência do tempo. Com outros, mas com uma amplitude nova, Paul Ricoeur mostrou a complexidade das operações de pensamento realizadas por Agostinho.[4] Considerarei não mais que dois aspectos: o desenvolvimento de três modos do presente, de um lado, e, do outro, a espacialização da alma como lugar de *distensio*. Três modos do presente: o presente dilacerado entre relato-memória das coisas passadas que ainda existem; o futuro com aquilo que já é, na espera; e o presente-presente em sua pontualidade. Três modos que se situam e se experimentam na alma, uma alma às vol-

---

4 Paul Ricoeur, *Temps et Récit*, 1, *L'Intrigue et le Récit historique*. Paris, Ed. du Seuil, 1983.

tas com o trabalho dessa *distância de si em relação a si mesmo*, que abre um espaço temporal e empenha a construção de um tempo humano, decisivo para a historialidade ocidental. Para Agostinho, todo esse trabalho é feito em contraste e por oposição à eternidade e à criação do tempo pelo Verbo. Tensão, dilaceração e espera são, com efeito, as marcas do finito, da criatura diante da eternidade do criador.

Da aporética do tempo entre Aristóteles e Agostinho, e sem reduzir a singularidade dessa abordagem totalmente ocidental, convém ao menos considerar por quais longos caminhos essa distância de si mesmo em relação a si mesmo foi descoberta e progressivamente integrada a certa arquitetura do tempo. A respeito disso, e para invocar sem esperar uma cultura tão indiferente a nossas descobertas históricas, seria altamente heurístico analisar as técnicas da memória colocadas em ação por sociedades como as da Índia védica e hinduísta, das quais sabemos o quanto valorizaram a função mnemônica e seus imensos recursos. Conforme a hipótese que foi feita, a memória enquanto função do passado individual do homem parece indispensável para o surgimento de uma memória comum e coletiva, sem a qual não poderia haver nos grupos humanos a representação de um passado comum.[5] Hipótese que não reteve muito a atenção dos antropólogos, em suma, pouco informados sobre uma reflexão que se faz sob o signo de uma "psicologia histórica e comparativa", que se gabava entre 1948 e os anos 80 de ser "a única Psicologia verdadeiramente marxista" (Jean-Pierre Vernant).[6] Hoje se consideraria, a título experimental, a idéia de que para que haja pensamento histórico e consciência historiográfica "é necessário que se precise a distância do presen-

---

5 "Le temps, la mémoire, l'histoire", *Journal de Psychologie*, 1956, p. 333-354.
6 O discípulo mais entusiasta de Ignace Meyerson. Cf. Jean-Pierre Vernant, *Entre mythe et politique*, Paris, Éd. du Seuil, 1966, p. 139-182.

te do grupo em relação a acontecimentos do grupo diferentes dos acontecimentos presentes". Em outras palavras, não menos hipotéticas, haveria uma consciência e uma atividade históricas quando houvesse começado a organização dessa "ausência presente" que é o passado do grupo, quando se impusesse a necessidade de ter de *tornar presentes* acontecimentos anteriores de um grupo provido de memória.

Voltemos a uma proposição que seria preciso colocar à prova sem fraqueza: um grupo provido de memória não desenvolve espontaneamente um pensamento histórico. A memória védica – como os vedisantes a chamaram – não fabrica nem o passado da Índia nem o saber-História, digam o que disserem hoje, como também ontem, historiadores indianos com boas intenções. A memória religiosa de Israel, escandida pelo "lembra-te", forjada pelo "lembrar-se da relação privilegiada com Iahweh" pode, sem dúvida, armazenar genealogias, filiações de linhagem e opor entre si grandes modelos de ancestralidade, Jacó ou Abraão, mas essa memória não leva imediatamente à instauração de um discurso historiográfico cujo objeto seria o passado em si mesmo. O problema foi recentemente colocado pelo historiador americano Yerushalmi, em seu livro *Zakhor*.[7]

As figuras da mudança

Segunda questão: a análise daquilo que quer dizer a *mudança*. Nós nos perguntamos anteriormente como poderia se constituir um pensamento histórico. Sugerimos que seria necessário primeiro uma distância de si em relação a si mes-

---

[7] Yosef Hayim Yerushalmi, *Zakkor. Jewish History and Jewish Memory* (1982), Seattle e Londres, University of Washington Press, 1996 (*Zakkor. Histoire juive, mémoire juive*, Paris, La Découverte, 1984).

mo; em seguida, um espaço crítico dentro de uma cultura. Podemos igualmente lançar a hipótese que semelhante espaço crítico toma forma de modo diverso daquilo que chamamos de técnicas da escrita, essas técnicas intelectuais de escritura que desempenham tão grande papel nas sociedades analisadas pelos historiadores. Se existem, como creio, outras técnicas, além da escritura e seus instrumentos, seria muito interessante ver o que são essas técnicas e quais espaços críticos elas podem produzir. Nossos conhecimentos deste outros "espaços críticos" é tão mais fraco quanto, nas sociedades ditas ocidentais, a crítica tiver se tornado um aspecto da tradição. Talvez possamos prolongar a hipótese inicial. Além da "distância de si em relação a si mesmo", o surgimento de um espaço crítico, um elemento decisivo (para que "uma consciência histórica" tome forma) não seria, na vida coletiva, "uma grande e longa experiência das mudanças"? Mais precisamente: uma experiência duplicada de uma consciência das mudanças? Parecem numerosas as sociedades que sofreram transtornos e mudanças radicais, sem tê-las reconhecido, ou pensado, ou teorizado. Tomemos o exemplo da Grécia antiga. Uma das dimensões da primeira cidade grega com sua liberdade de se criar sob forma de começo radical, é colocar em circulação a idéia, tão deplorável para os moralistas, que virtualmente todas as configurações políticas são possíveis. O domínio do político apresenta-se como o terreno privilegiado das reformas desejadas, deliberadas com o enunciado das razões de *transformar-se*. As práticas se acompanham de teorias da mudança.

Paralelamente, no pensamento filosófico, entre os présocráticos, as mutações desempenham um papel essencial na constituição dos vivos, tomados em uma cadeia que vai, até no *Timeu* de Platão, ligar a planta ao deus, um e outro fazendo parte daquilo que os gregos chamam de *zôa*, os vivos, assim como igualmente as aves, os quadrúpedes e os seres humanos. O pensamento médico, por sua vez, valoriza a mudança, primeiro, na descoberta de modos de viver, o desenvolvimento da habilidade técnica e, no próprio saber dos médicos, na força reconhecida das teorias novas. Na tradição chamada hipocrática, a mudança, *metabolé*, é igualmente uma categoria que intervém para definir a doença e a terapêutica: a doença apresenta-se como uma mudança no corpo, provindo ela própria no mais das vezes seja de uma mudança nas estações, seja de um transtorno repentino no regime. Reciprocamente, a terapêutica adequada pode apelar para uma mudança, uma mudança "ao mesmo tempo oposta e proporcionada" àquela que causou a doença. É em grego *antimetaballein*: responder à mudança por meio da mudança. Tucídides, que escreveu a História das maiores turbulências que aconteceram nas cidades gregas, mostra-se muito atento aos modelos da mudança. Nicole Loraux[8] notou justamente que o tempo mais adequado para a revelação daquilo que Tucídides chama de "a natureza humana" – *physis anthrôpôn*, isto é, aquilo que o historiador do presente pretende descobrir –, é o das revoluções de conjuntura (*metabolai tôn ksyntychiôn*). Tempos de transtorno e de paixões ainda mais perturbadoras, em que se mudou, escreve Tucídides nesse mesmo texto (III, 82,2-3), "até o sentido usual das palavras em sua relação com os atos nas justificativas que se dava". Para o analista da natureza humana, as turbulências extremas de uma guerra, sem medida comum com tudo aquilo que precedeu, oferecem condições de experimentação que justificam em Tucídides o sentimento de que ele domina todos os seus predecessores no domínio da "História".

---

8 Nicole Loraux, "Éloge de l'anachronisme en histoire", *Le Genre humain*, n° 27, 1993, p. 37.

Insensivelmente, seguindo os avanços de Tucídides às voltas com as figuras da mudança, seríamos levados a fazer dele o primeiro teórico do progresso. Ora, na Grécia antiga não há verdadeiramente modelo algum de progresso ao infinito. É preciso esperar os trabalhos de Condorcet. A mudança, tal como é pensada e experimentada nos diferentes saberes, não dão nenhum nascimento na Grécia à idéia de uma dinâmica da História como a que o séc. XIX colocou em ação.

Quando o historiador contemporâneo refere-se à mudança como à marca indelével da História, ele a entende em sua relação com a cronologia absoluta, no tempo linear e irreversível da mesma forma que com o acontecimento imprevisível, singular e puramente contingente. Acontecimento, mudança e tempo estão estreitamente articulados em nosso saber histórico, herdado desde que o séc. XVIII e seus filósofos tornaram crível que o *saber do passado em si mesmo* era o objeto do conhecimento histórico. Para descobrir o exotismo desse projeto – eu ia dizer: dessa crença – basta se deslocar para a China, a China antiga e moderna, a China que é o país da História e dos historiógrafos a perder de vista e em cerradas fileiras. Mas qual História? E quais historiógrafos? Trabalhos realizados há 30 anos pelo sinólogo francês Léon Vandermeersch insistiram sobre os efeitos maiores da prática dos adivinhos, no espaço sacrifical na China.[9] São adivinhos que se exercitam em notar os sinais produzidos pelo dispositivo sacrifical que eles registram diretamente sobre as peças divinatórias – cascos de tartaruga e omoplatas de bovídeos. Esses adivinhos-escribas se tornarão os artesãos do registro de tudo o que é ritual. Chamados de "adi-

---

9 Léon Vandermeersch, "L'imaginaire divinatoire dans l'Histoire en Chine", em Marcel Detienne (dir.), *Transcrire les mythologies, op. cit.*, p. 103-113; "Vérité historique et langage de l'Histoire en Chine", em André Lichnérowicz et Gilbert Gadoffre (dir.), *La verité est-elle scientifique?*, Paris, Éd. universitaires, 1991, p. 65-75.

vinhos", os primeiros analistas, autores dos Anais, descendem em linha direta do "escriba das adivinhações". Divididos entre historiadores da mão esquerda e historiadoras da mão direita, os "analistas" são personagens bem cedo inseparáveis da cada casa senhorial e de todo principado. Mais tarde, funcionários da casa imperial, os redatores de anais irão entregar-se à anotação minuciosa, dia após dia, dos fatos e gestos do senhor e do príncipe, tanto de suas declarações como de todos os "acontecimentos" sobrevindos no decorrer do reinado.

Salientemos dois traços essenciais da "consciência histórica" na China, conforme este modelo: a História analística dos chineses é e permanecerá até o séc. XX um *assunto do Estado*; o historiador, herdeiro do escriba-divino, da mesma forma que seu predecessor, tende a formular os acontecimentos em uma escritura que torna legível seu *sentido oculto*. Neste regime de historicidade que engloba uma produção imensa por mais de dois milênios, a tarefa do historiador-funcionário permanece constante: "Trata-se de estabelecer aquilo que cada acontecimento pode revelar do sentido da evolução geral do mundo e aquilo que a evolução geral do mundo fornece como sentido para *cada* acontecimento". Conforme um dos grandes historiadores da China antiga, Sima Qian (145-86 antes de nossa era)[10] – que foi entretanto viajante e grande pesquisador de textos por todo o mundo chinês da época –, as pesquisas da História visam essencialmente a elucidar a junção do Céu e da humanidade pó meio de tudo aquilo que *mudou* desde a Antigüidade até a época Contemporânea. A escritura da História visa a descrever os acontecimentos e, eventualmente, as mudanças segundo seu *sentido* verdadeiro, oculto sob as apa-

---

10 Cf. Jean Levi, *La Chine romanesque. Fictions d'Orient et d'Occident*, Paris, Éd. du Seuil, 1995, p. 140-173.

rências. O tempo chinês não teme imprevisto algum. Marcado pelas virtudes, ele se estende na ordem do Cosmo que mostra de maneira perfeitamente clara a pertença da natureza humana à natureza universal. Em tal sistema de pensamento, como se poderia depreender um modelo de um passado, analisado em si mesmo? O escriba-adivinho que subentende o modelo do historiador pode bem ser astrônomo e expert em calendários, pois sua temporalidade permanece estranha à própria idéia de um tempo linear e, por isso mesmo, à concepção do acontecimento como *imprevisível* e *único*.

As cores do passado

Tomemos agora o exemplo da cultura romana. Roma e seus analistas são igualmente indiferentes à análise das mudanças no conhecimento de um passado radicalmente cortado do presente. De longe, o tempo romano construído pelos pontífices e suas atividades parece prometedor, e mais aberto ao aprofundamento da ação humana.[11] Como se apresenta o tempo na "Cidade eterna"? O tempo "pontifical" toma forma nas práticas religiosas: no início de cada mês, sobre o Capitólio, os pontífices anunciam os *nonos* (o nono dia antes dos *idos*) publicamente e em alta voz. Cada anúncio oficial inclui a intervenção do *Rex sacrorum*, o rei encarregado dos assuntos religiosos, segundo personagem na hierarquia dos sacerdotes romanos: cabe a ele tornar conhecido ao nono dia, isto é, aos *nonos*, todos os fatos religiosos do mês. A este domínio do tempo que vem e que começa, os pontífices acrescentam uma competência sobre

---

11 Aproveitamos muito os avanços e a amizade de John Scheid, "Le temps de la cité et l'histoire des prêtres", em Marcel Detienne (dir.), *Transcrire les mythologies*, op. cit., p. 77-102.

o tempo escoado. São eles que guardam a memória de certos fatos ou acontecimentos que se desencadearam: expedições guerreiras, sucessos, derrotas, sacrifícios exemplares, prodígios de todas as espécies, sinais enviados pelos deuses. Quando chega o fim do ano, o *Pontifex maximus* parece ter tomado o hábito de publicar os acontecimentos importantes do ano sobre uma tabuleta fixada sobre os muros de sua moradia. É uma espécie de reportagem, de boletim de saúde do estado das coisas entre os deuses e os homens. Assim, o pontífice pode decidir os votos e as cerimônias expiatórias mais adequadas para "inaugurar" bem o ano. Trata-se, portanto, de um domínio do tempo acontecido para um personagem ao mesmo tempo sacerdotal e oficial, mas dotado – Georges Dumézil insistiu nisso – "de liberdade, de iniciativa, de *movimento*". Na seqüência dessas reportagens entre dois anos "civis", começa a escritura dos primeiros analistas e depois dos historiadores no estilo de Tito-Lívio. É uma operação historiográfica de bom futuro: narrar os grandes acontecimentos de uma nação (porque Roma se torna uma nação com o império) para o melhor e para o pior. Esses acontecimentos narrados tomam sentido na organização do ano e de seu lugar na duração de Roma e de seus "doze centos de anos". Roma aparece como uma sociedade que não deixou de aderir a seu lugar natal e de se embriagar com perspectivas de futuro que lhe oferecia a gradação progressiva de conjuntos de 12 – 12 dias, 12 meses, 12 anos, 12 decênios, 12 séculos. Um tempo que se dilata e propõe assim, à Cidade que se tornou capital de um império, uma longa duração à moda de um destino, mas sem o socorro de qualquer tempo linear. A História, ao modo romano, é mais memória do que pesquisa: *memória*, observou-se, no sentido de "consciência de um passado" que funda o presente e implica certo tipo de comportamento herdado dos *majores*, dos *ancestrais*. Um passado pesadamente presente, que dá autoridade, mas sabe também abrir-se na direção do futuro, o de uma Nação segura de si mesma, e para o decorrer de séculos.

As representações do passado são múltiplas, e a ancestralidade é um meio de acesso ao passado; ela descobre a cena dos desaparecidos mas também de figuras mais poderosas que os vivos. Em um grande número de sociedades da África negra, são os longuíssimos rituais realizados pelos vivos que fabricam um ancestral. Entre os ancestrais e os vivos, o passado pesa por vezes com um peso terrível. Quanto mais um morto tornou-se ancestral, mais ele está presente, e até onipresente.[12] O "passado" possui, portanto, muitas cores, e está disponível para múltiplos usos. Recentemente, o filósofo e historiador Johan Huizinga sugeria uma definição de História nestes termos: "É a forma intelectual na qual uma civilização presta contas a si mesma a respeito de seu próprio passado".[13] "Definição aparentemente simples, mas que implica diversas operações complexas, como mostra a pesquisa genealógica: 1. O "prestar contas" que se refere a esse trabalho *de si mesmo em relação a si mesmo* que já está empenhado na atividade da memória ("essa distância no tempo de si mesmo em relação a si mesmo"). 2. Dar-se conta: é simples representação ou, antes, construção arquitetônica mais ou menos complexa? 3. Por fim, o passado. Como representá-lo em relação a si mesmo? Onde ele começa? Não é fácil, de modo algum, conceber que o passado está no mesmo tempo em que ele foi. É preciso um longo caminho para chegar à noção de que o passado de um grupo é uma coisa diferente do presente deste grupo, uma coisa diferente que uma parte evidente do grupo que a ele se refere, dele fala, dele tira exemplos ou autoridade. Poucas so-

---

12 Evocamos furtivamente as grandes mitologias nacionais do Ocidente, seus cemitérios, os altares de seus ancestrais *first time*.
13 Johan Huizinga, "A Definition of the Concept of History", em Raymond Klibansky e H. Paton (dir.), *Philosophy and History*, New York, Harper Torchbooks, 1920 (1936), p. 1-10.

ciedades, segundo parece, chegam a pensar que o passado tem um interesse como tal – ter sido e ser –, como passado, naquilo que ele tem de próprio e naquilo que ele tem de *diferente*. Coloquemos a questão: quais são as figuras da ancestralidade que levam a pensar que o passado é interessante como tal? Para que o *diferente* apareça no mesmo, é preciso que o passado tenha começado a ser separado do presente que o constitui e parece justificá-lo.

A morte e os mortos convidam freqüentemente os historiadores a propor um cenário que parece até diretamente observável. Há cerca de 30 anos, um turcólogo de fama escrevia um artigo que visava a reconhecer as primeiras formas de historiografia no mundo turco antigo.[14] Ele circunscrevia essas formas de início no ritual do elogio fúnebre, pronunciado por ocasião da morte de príncipes e de guerreiros. Sob forma condensada, o elogio do morto era gravado sobre uma estela. Primeiros documentos escritos, as estelas desse tipo constituem a documentação escrita mais antiga para o historiador moderno, isto é, contemporâneo, da Turquia. Escritura do morto, esse elogio escrito é um primeiro discurso sobre o passado? Nada o indica. Não há outra distância além da morte tão próxima, nenhuma reflexão sobre o que há de diferente e de igual nesse passado enquistado em um ritual. Um pouco mais tarde, um etnólogo africanista, estudando a produção do relato histórico em pais mossi contemporâneo, indicava, por sua vez, o papel desempenhado pelos "mestres da palavra", pelos *griots*, encarregados profissionalmente por ocasião dos funerais do rei de contar em detalhe os atos e as façanhas do defunto.[15] Mas parece-me que

---

14 Louis Bazin, "L'homme et la notion d'histoire dans l'Asie centrale turque du VIIIe siècle", *Diogène*, 42, 1963, p. 86-102.
15 Jean Bazin, "Production d'un récit historique", *Cahiers d'études africaines*, nºs 73-76, 1979, p. 435-483.

não se trata de modo algum da epifania, nesse lugar dos funerais, de um passado que *está* no mesmo tempo em que ele *foi*. Se a escritura da História parece aqui em ligação direta com o elogio dos mortos pelos mestres da palavra, é porque em pais mossi, ontem e hoje, os indivíduos que exercem uma espécie de função meio-memorial, meio-narrativa, eram e são os mais qualificados para tomar o lugar novo do historiador, conforme o modelo mais ou menos prestigioso dos conquistadores brancos vindos com a escritura e um dever-fazer História como fundamento da identidade de um grupo. Em outros lugares, por exemplo, no mundo ameríndio do Norte e do Sul, apareceu no início do séc. XX uma História em ligação direta com o mito.[16] A mitologia é progressivamente historicizada e toma a forma de um relato "em estilo mítico" de acontecimentos contemporâneos à chegada dos brancos até aqueles que foram vividos pelo autóctone – o próprio autor da obra, meio-falada, meio-escrita.

Um obstáculo para pensar o passado
como coisa diferente do presente: Homero

Entre Turcologia e Etnologia africanista, há como que uma *cena primitiva* do início da historicidade ou de um "fazer História", que um helenista poderia ser tentado a ler por sua vez na tradição épica de Homero. Recentemente, um helenista da França, Jean-Pierre Vernant,[17] sugeriu ver uma espécie de complementaridade entre os funerais, destinados a transformar

---

16 Claude Lévi-Strauss, *Paroles données*, Paris, Plon, 1984, p. 150-157.
17 Jean-Pierre Vernant, *L' individu, la Mort, l'Amour. Soi-même et l'autre en Grèce ancienne*, Paris, Gallimard, 1989, p. 53-54 e 83-84.

um guerreiro em herói com morte gloriosa, e, por outro lado, o canto épico, como o de Homero, inscrevendo o elogio das façanhas heróicas no tempo do *kléos*, isto é, da glória imortalizante. Haveria portanto, na Grécia arcaica, duas "instituições" que permitiam *aculturar a morte*. De um lado, os funerais (por exemplo, o de Pátroclo ou o de Heitor) marcam a passagem para uma memorização mais objetiva do que o simples lamento, uma memória institucionalizada em torno do corpo, das armas e do túmulo significativo, marcado pelo termo grego *sema*. O todo era ordenado segundo o código social de uma cultura heróica. Do outro lado, o canto épico, produzido e desdobrado pelos aedos – esses quase "griots" da Grécia –, acaba transformando um indivíduo que perdeu a vida em um morto cuja presença como morto é definitivamente inscrita na memória do grupo.

A hipótese é sedutora. Entretanto, creio que, no contexto grego, semelhante cena, mais arcaica do que primitiva, é pura reconstrução. Na *Ilíada* e na *Odisséia*, os poetas épicos parecem já não ter mais contato direto com o ritual dos funerais, e não sabemos se eles preenchiam então a função de "memória social" para o grupo no séc. VIII ou no VII. Sem dúvida, lendo a epopéia, podemos ter a impressão de que o aedo, com seu canto, "separa" o passado e o presente, e que, graças ao relato dos prodígios dos homens de outrora, os mortos tornam-se homens do passado. Mas, no vocabulário, somente as pessoas de *outrora* são chamadas de *proteroi*, "anteriores", vindo antes, sem que nenhum termo designe o "passado" como aquilo que foi e pode ser conhecido como *diferente*. Bem longe de ser a testemunha de uma primeira descoberta da "separação" entre passado e presente, Homero e a epopéia podem ser considerados como um dos obstáculos mais terríveis na própria Grécia para pensar o passado "como aquilo que foi e que representa uma coisa diferente do presente". Um obstáculo contínuo, à medida da completude que traz a epopéia homérica para a cultura arcaica ou mesmo clássica dos gregos. Completude, por quê? Desde o séc. VII antes de nossa era, Homero pertence à cultura grega, faz parte dela e, muito rapidamente, vai representar o saber cultural dos gregos. Aprende-se a ler e a escrever com Homero. Ele diz a tradição. Ele é a referência, aquele que dá a medida dos afastamentos, das distâncias perceptíveis. Relendo o passado heróico no presente contínuo da Grécia arcaica ou mesmo clássica, Homero, como tradição e *paidéia*, conforta o sentimento de que a memória do passado está viva e que a vocação da primeira escritura genealógica e historiográfica será a de tomar a seqüência dos poetas, dos quais ele é o primeiro, para sempre.

Quais provas poderíamos apresentar desse obstáculo constituído por Homero diante do surgimento de um "pensamento autóctone do passado"? Eu teria dois. Um extraído de Tucídides, e o outro fornecido por Heródoto, os dois atores mais marcantes da historiografia do séc. V. Tucídides primeiro, o mais inovador sobre o terreno da escritura daquilo que chamamos de História. No momento em que ele começa a compor os relatos da guerra do Peloponeso, Tucídides escolhe como abertura a utilização de poemas homéricos para construir o modelo de um estado de civilização anterior ao tempo presente. É o que ele chama de *Archaiologia*, "História dos tempos antigos", ou seja, essa reconstrução do "passado", do tempo antigo, a partir de indícios (*tekmèria*), de sinais que permitem reconhecer e prever. Homero – com os poemas épicos sobre Aquiles e sobre Ulisses – testemunha, aos olhos de Tucídides, um passado presente na memória e sob os olhos de seus contemporâneos.

Um passado que permite ao historiador do presente comparar e medir a *grandeza* dos acontecimentos de hoje em relação aos de ontem. Essa Arqueologia serve como prólogo para uma "História" completamente voltada para o presente, e sem outra relação com "o passado", a não ser por meio da comparação das grandezas respectivas. Para Tucídides, o passado, a *archaiologia*, não é interessante nem significativo. É uma espécie de prelúdio para este presente tão novo e tão rico. O presente, com efeito, é o fundamento da compreensão do "passado", se de fato queremos dele falar referindo-nos à memória poética de Homero, que dele oferece, na segunda metade do séc. V, a evocação e o testemunho mais convincente, para ele e para seus contemporâneos. É evidente que Tucídides de nenhuma forma interessa-se pelo passado, pelo passado como tal. E Homero, na tradição grega, de modo nenhum convida a desunir "aquilo que foi" de "aquilo que é".

Heródoto de Halicarnasso fornece uma segundo prova de que Homero, tecendo a continuidade pela tradição e pela memória, apresenta um obstáculo para uma consciência nova do passado. Na Grécia, Heródoto é para nós o historiador que inaugura a escritura de um *passado próximo*. Quando se trata de definir esse passado próximo, Heródoto parece proceder no estilo do poeta homérico, e querer fazer uma obra de testemunha, a fim de que grandes proezas não passem, não se apaguem, como as cores de um quadro que, com o tempo, perdem seu brilho. Heródoto quer contar as proezas de ontem assim como Homero cantava as façanhas de Aquiles e de Heitor, a fim de que jamais se tornassem privados de "glória", de brilho glorioso. Heródoto, sem dúvida, tem o sentimento vivíssimo de que o tempo apaga, que ele pode mudar tudo. Mas, formulando seu projeto de pesquisa, Heródoto o define contra Homero e a tradição memorial da épica. Ele exclui de seu projeto tudo aquilo que salienta o tempo dos deuses e dos heróis. Sua pesquisa começa com as guerras médicas, as guerras contra os persas, 30 ou 40 anos antes, no tempo que se chama, diz Heródoto (III, 122), o da geração humana; o "tempo dos homens" (*antrôpèiè geneè*). Heródoto parece ser o primeiro na Grécia que separou tão claramente quanto possível a História dos deuses e a História dos homens. A pesquisa sobre o passado próximo pretende se separar do passado heróico misturado com as Histórias dos deuses, ou seja, de tudo o que representam Homero e Hesíodo para Heródoto. Ele explica isso em seu livro II (53): "Homero e Hesíodo viveram 400 anos antes de mim", "são eles que, em seus poemas, fixaram para os gregos uma teogonia, atribuíram aos deuses seus qualificativos, repartiram entre eles as honras e as competências, desenharam suas figuras". O primeiro passado próximo se funda sobre o corte; ele procura estabelecer-se na distância em relação a Homero, ao tempo dos deuses e desses heróis que os genealogistas do séc. VI, e também do V, continuam a ligar a seus descendentes presumidos e cheios de presunção. Heródoto tem muito menos que Tucídides o sentimento de viver em uma renovação perpétua, em um tempo sempre carregado pela novidade. Mas é com Heródoto que se depreende o objeto específico da primeira História: um passado próximo que não se confunde com as ficções da ordem do mito ou do "mítico". Seu predecessor, Hecateu de Mileto, o ajudara nesse sentido: decidindo, de modo privado, no extremo final do séc. VI, de "colocar por escrito" os relatos dos gregos, descobrindo que esses relatos eram múltiplos e propondo-se a escrevê-los, dizia, "como eles lhe pareciam ser verdadeiros".

Trabalhar para si mesmo

Antes de Heródoto, e mais particularmente com Hecateu, há na Grécia, portanto, uma forte crítica da tradição. Poderemos fazer notar que não há, por assim dizer, sociedade que não proceda desse modo. Certos antropólogos insistem nisso em suas reflexões sobre a tradição. Há de fato – pergunta-se um deles, Gérard Lenclud –,[18] sociedades desprovidas da "capacidade de trabalhar para si"? É desejável, creio, que os antropólogos, deixando de lado toda grande divisão entre sociedades ditas "sem História" e sociedades com História, ponham-se a observar as modalidades de recepção das "tradições" nas sociedades que por muito tempo mantiveram a atenção dos etnólogos e não dos historiadores. Evidentemente, a "reflexividade cultural" pode manifestar-se sob formas variadas. Fazer a crítica por escrito das diferentes versões de um mesmo relato não é um privilégio grego. Todavia, não é o mesmo procedimento que debater no decorrer de um ritual sobre a relação entre duas seqüências ou responder à versão de um relato proposto por vizinhos por meio de uma outra versão que se opõe à primeira. O contexto, principalmente, talvez não seja o mesmo. No Japão dos inícios, interessando-se pela análise comparativa,[19] há uma dupla escritura da tradição; ela é empreendida pela decisão do primeiro imperador. A primeira forma escrita dos grandes relatos orais do Japão aparece em língua japonesa; transcrita segundo um contador, ela é um modo de afirmar o nascimento autóctone dos japoneses. A segunda versão, igualmente escrita, da tradi-

---

18 Gérard Lenclud, "Qu'est-ce que la tradition?", em Marcel Detienne (dir.), *Transcrire les mythologies*, op. cit., p. 25-44.
19 François Macé, "La double écriture des traditions dans le Japón du VIIIe siècle. Fondation et refondation, histoire et commencements", *ibid.*, p. 77-102.

ção mais antiga do Japão é realizada pela chancelaria chinesa da corte japonesa. Os chineses, que têm muitos séculos ou até milênios de avanço em relação aos japoneses do séc. VII de nossa era, emprestam técnicas de historicização para sua tradição historiográfica; eles têm o cuidado filológico de citar as diferentes versões, as variantes dos relatos sobre a origem, umas ao lado das outras.

No Japão, toda operação historiográfica é decidida pelo Estado. O redator, seja ele japonês ou chinês, não escolhe, não pode decidir, como o grego de Mileto, chamado Hecateu, escrever o relato "como ele lhe parecia ser verdadeiro". Os chineses do séc. VIII japonês trabalham a serviço da administração do palácio. São funcionários: obedecem ao poder central. Hecateu, porém, é um cidadão livre. Um outro grego agirá de outra forma, ainda que à vontade, sem controle da cidade e sequer do corpo social.

São, portanto, os diferentes modos de trabalhar por si que chamam a atenção de antropólogos e de historiadores. Cabe a eles confrontá-las, colocando em perspectiva aquelas que poderão fornecer mais informações sobre as operações pelas quais sociedades humanas imaginaram criticar a tradição, fabricar modelos do passado e se permitir formas de historicidade também dissonantes entre si. Ninguém duvida: o campo das historicidades comparadas é roçado com dificuldade. Que isso seja dito entre historiadores-e-antropólogos!

IV

Experimentar
no campo dos politeísmos

Que os deuses sejam bons objetos não é uma descoberta da Antropologia contemporânea. Os primeiros antropólogos jamais omitiram a prescrição do inventário de diferentes tipos de poderes que perambulam em uma aldeia ou distribuídos na extensão de um reino. Desde o fim do séc. XIX, todavia, duas convicções bem partilhadas fazem obstáculo à análise dessas vastas populações de poderes sobrenaturais, divididos entre as sociedades arcaicas e as civilizações então as mais respeitadas da História, como, por exemplo, a China, a Índia e a Grécia. Os primeiros comparativistas entre Tylor e Frazer estavam, segundo parece, persuadidos de que o elemento estável, e até permanente, de uma cultura para outra, era o ritual organizado em torno de um tema, com suas grandes arquiteturas festivas e os tempos fortes do calendário. O que justificava sua atenção tão viva para os cenários das passagens do ano ou as aventuras da realeza mágica na África, no mundo indiano e nas civilizações clássicas entre a Itália e a Escandinávia.

Por outro lado, os mesmos antropólogos, convictos de que as entidades divinas passam, desaparecem e reaparecem sem motivo, estavam espontaneamente de acordo em pensar que cada uma das figuras desse mundo sobrenatural tão fluido e inconsistente devia ser explicada em si à medida que ela podia reivindicar um nome e algum traço particular. No decorrer do séc. XIX, a Etnologia, assim como a História das religiões, foi hipnotizada pelas altas figuras da gênese e de sua irmã caçula, a evolução. As representações da alma, os diferentes corpos de espírito, as formas de entidades superiores, tantas abordagens pertinentes para o maior problema: origem e desenvolvimento da idéia do divino, entre partidários do animismo, companheiros do totemismo e teóricos das formas elementares da vida religiosa. No campo da reflexão sobre a religião grega, e muito longe dos habitantes da Nigritia, chamados pelo presidente de Brosses a testemunhar sobre a idolatria e o fetichismo das origens, o filósofo torna-se um precursor: Hegel é quem reconhece a existência de um panteão povoado de deuses que vivem junto e com uma vida pessoal, com paixões e interesses opostos. Os deuses do Olimpo deixam de ser frias alegorias, colocadas sobre um pedestal; cada deus torna-se uma forma significante, mas o mundo "politeico" – *polytheos*, dizem os gregos – parece impotente para se organizar como uma totalidade sistematicamente articulada.[1] Assim o decidiu a Filosofia do Espírito. O Olimpo descobre-se então no espelho de Homero e daqueles que dele fazem a História, entre Creuzer e Welcker, estão mais preocupados de descobrir nos deuses da Grécia uma intuição do absoluto[2] e não os agrupamentos diferenciados, salientados pedestremente por Pausânias, perambulando pela Grécia no tempo de Hadriano e seus amantes.

Nos primeiros anos do séc. XX, o afastamento aprofunda-se entre "os deuses das encruzilhadas", os da Nigritia precisamente, e os grandes deuses de um politeísmo reduzido a seu estado paradigmático de antes, isto é, confinado à cultura grega

---

1 Cf. o esboço em forma de prefácio, "No princípio era o corpo de deuses", escrito para a versão francesa de Walter F. Otto, *Les Dieux de la Grèce. La figure du divin au miroir de l'esprit grec* (1929), Paris, Payot, 1984, p. 7-19.
2 B. Bravo, "Dieu et les dieux chez F. Creuzer e F. G. Welcker", em Francis Schmidt (ed.), *L'Impensable Polythéisme*, Paris, Ed. Des Archives contemporaines, 1988, p. 375-424.

fechada sobre si mesma e de novo se tornando caça reservada de seus historiadores patenteados, sobre os quais é preciso repetir o quanto eles são fisiologicamente insensíveis a toda reflexão comparativa sobre os conjuntos politeístas, ontem e hoje. Entre os anos 20 e 40, o prado quadrado dos Olímpicos vê-se enfrentado cortesmente por historiadores positivistas e intérpretes espiritualistas. De um lado, a erudição exata de Martin P. Nilsson, que interroga as potências divinas a partir do bom senso sueco e de um sólido fundo camponês da velha Europa, permitindo identificar as representações simples que o trabalho do imaginário e da História vai revestir com figuras variadas e matizadas. Do outro, a hermenêutica intuitiva de Walter F. Otto, dedicando-se a descobrir como cada deus significa uma esfera da existência, uma experiência exemplar do homem "presente no mundo". Duas abordagens que não são sem virtudes, mas que partilham a mesma indiferença para com a própria natureza do politeísmo: um sistema complexo de relações entre potências divinas ou entidades sobrenaturais.

"O fato da estrutura" com Georges Dumézil

É com e sob a influência de Georges Dumézil que, nos anos 60, historiadores e antropólogos começam a interessar-se pelos próprios conjuntos politeístas, pelos modos de organização desses sistemas de deuses assim como pelas diferentes maneiras com que sociedades como a Grécia, Roma e a Índia pensam-se por meio de entidades religiosas. Dumézil substituiu a abordagem histórico-genética que reinava em seu tempo por uma análise "estrutural", voltada para as complementaridades, as oposições, as hierarquias e os complexos de relações. Depois de 20 anos de análises de configurações de deuses e dos microssistemas espalhados no campo indo-europeu, seu domínio predileto, Georges Dumézil irá exercer uma influência maior sobre os trabalhos que gostam de levar a sério os deuses, quer seja no Cáucaso,[3] na Grécia[4] ou na Índia.[5]

Convém nos determos aqui: os deuses que Dumézil descobre e faz descobrir desempenharam um papel essencial no estudo *comparativo* (e *experimental*) das "religiões dos povos indo-europeus". Tal é mais ou menos o título da direção de estudos na École pratique des hautes études (Ciências religiosas) em que Dumézil irá trabalhar durante 30 anos. A antiga "mitologia comparada", escolhida em 1935, desvaneceu-se em 1945, e, a partir de 1948, ela irá ceder o lugar para a "civilização indo-européia", desta vez no Collège de France e em um setor paralelo.[6]

O empreendimento intelectual de Dumézil começa com deuses articulados, deuses em agrupamentos, assembléias de potências divinas. Esses deuses dos quais a antiga "mitologia comparada" queria apreender a essência e a etimologia sobre a base de equações lingüísticas, o novo comparativismo, também ele estabelecido no circuito do mundo indo-europeu, privilegia neles a ordem de sua enumeração, suas relações hierárquicas, as formas de oposição e de complementaridade, que permitem explorar os dados "teológicos", como a tríade pré-capitolina (Júpiter, Marte, Quirino), a tríade dos deuses de Upsala (Odhinn, Thörr, Freyer), a lista dos Âditya na Índia antiga,

---

3 Cf. Georges Charachidzé, *Le Système religieux de la Géorgie païenne. Analyse structurelle d'une civilisation*, Paris, La Découverte, 1968.
4 Cf. Jean-Pierre Vernant, *Mythe et Pensée chez les Grecs*, Paris, Maspero, 1965, p. 97-143 (= *L'Homme*, 1963).
5 Cf. Louis Dumont, *Une sous-caste de l'Inde du Sud. Organisation sociale et religion des Pramalai Kallar*, Paris, EHESS, 1957, p. 396-403 (= *Journal asiatique*, 1953).
6 Cf. *Problèmes et Méthodes d'Histoire des religions*, Paris, PUF, 1968, p. 165-167.

a das Entidades (os *Amasa Spanta*) do zoroastrismo no antigo Irã.[7] Dados complexos, mas primários, que impõem o que Dumézil chamará de "o fato da estrutura",[8] fornecendo acesso a essa "ultra-História" da civilização indo-européia que vai se enriquecer com conjuntos articulados de conceitos, detectados sobre um vocabulário comum bem construído, formando a armadura de um sistema de pensamento dotado de "asteriscos" e sempre proto- ou até pré-histórico.

Das pesquisas de Dumézil, os analistas de conjuntos politeístas – sem dificuldades indo-européias – irão deduzir certo número de princípios. O primeiro, que acabamos de evocar, é a atenção fixada nas estruturas imediatas de tantos politeísmos: altares a deuses múltiplos, santuários para diversos deuses, festas e rituais que ora põem em relação duas divindades reunidas pela ocasião ora associam dois aspectos de uma mesma potência, contrastados por marcas sacrificais, por exemplo. As sociedades politeístas, de ontem e de hoje, estão cheias de coleções de divindades, em agrupamentos circunstanciais ou recorrentes, em configurações monumentais ou efêmeras. O já-estrutural (para respeitar o vocabulário de Dumézil) é a matéria-prima do analista, convidado para a colheita antes de se colocar em caça. As "estruturas" estão aí, bastando não passar por cima delas, "pensamentos selvagens" que um pouco de habilidade basta para depreender já o que elas significam ou começam a significar.

O segundo princípio, que decorre do primeiro, mas leva também a ultrapassar os limites do quadro trifuncional, tão necessário para os avanços de Dumézil, é que um deus não

---

7 Duas referências: Georges Dumézil, *Les Dieux des Indo-Européens*, Paris, 1952; *Les Dieux souverains des Indo-Européens*, Paris, 1977.

8 Cf. por exemplo Georges Dumézil, *Mythe et Épopée*, III, *Histoires romaines*, Paris, Gallimard, 1973, p. 10-16.

pode se definir em termos estáticos. Cabe ao analista fazer o levantamento de todas as posições ocupadas por uma divindade no conjunto de um sistema politeísta. Ao lado daquilo que é dito "às claras"[9] dos deuses e de sua ação – e que o saber de uma ultra-História procura privilegiar em cada cultura –, é preciso descobrir todas as formas de associação e de contraste, experimentadas ou simplesmente sugeridas por uma cultura, até em suas potencialidades. No decorrer do caminho, o analista – convicto de que deve estudar os deuses uns em relação aos outros – empenhar-se-á em definir seus limites respectivos, em delimitar seus campos de ação uns em relação aos outros. O pressuposto comum a tantas pesquisas novas, feitas ou autorizadas por Georges Dumézil, era, é preciso insistir nisso, que a avaliação mais segura de uma análise de relações entre deuses ou a definição de um campo de ação própria de uma potência divina devia provir de um enunciado indígena e, melhor ainda, de um enunciado de natureza teológica. Produzido por teólogos politeístas, freqüentemente idênticos aos "administradores da memória" que, passo a passo, transmitiram o mais consciente com o resto, abandonado ao inconsciente histórico da linguagem e da civilização que ele veicula.

O último princípio, esboçado por Dumézil em 1949 e desenhado claramente em 1966, era ao mesmo tempo o mais novo e o mais difícil de ser colocado em ação.[10] O mais novo porque ele introduzia uma distinção clara entre o campo de ação de um deus e seu modo de agir. O campo de ação de uma potência divina engloba os lugares e as ocasiões de seus serviços, e alguns deles, como que arrastados pela hipertrofia da "função" à qual

---

9 Cf. por exemplo, Georges Dumézil, *Rituels indo-européens à Rome*, Paris, 1954, p. 78.
10 Georges Dumézil, *L'Héritage indo-européen à Rome*, Paris, 1949, p. 1; *La Religion romaine archaïque*, Paris, Payot, 1966, p. 179 e 229.

estão ligados, acham-se levados a intervir em domínios muito afastados daquilo que parece ser seu âmbito primeiro. Não é preciso olhar "*onde* um deus intervém, e sim *como* ele intervém". Definir o modo de agir de um deus está, portanto, além dos pontos de aplicação de sua ação, dos cenários em que ele aparece, procurar atingir "um modo e meios constantes de agir". O modo de ação deve ser preciso, específico, pertencente a um só deus. Princípio muito novo quando ele se abria para práticas experimentais como as que Dumézil bem cedo imaginou, mas que vinha tropeçar, desde que colocadas em aplicação, nas figuras portadoras da civilização indo-européia a analisar, ou seja, sobre as três funções e o dispositivo da tripartição. Função, para Dumézil, é sinônimo de atividade, atividade social, atividades dos homens em sociedade, daqueles que exercem o poder, que fazem a guerra, que produzem os bem e os alimentos. Os deuses mais importantes, os que presidem, sozinhos ou em dupla, com grandes funções, exercem, portanto, atividades; eles são agentes, e muito ocupados. Dumézil os chama freqüentemente de "patronos", figuras divinas das quais ele analisa sem descanso as relações, de uma função para a outra, e sem negligenciar os diferentes "aspectos" de uma mesma função, mas insistindo de bom grado mais sobre as características fundamentais de um deus patrono, mantendo à parte os serviços "laterais e acessórios".

Os dois modelos de Zeus

Detenhamo-nos um instante sobre a fórmula: "as características fundamentais de um deus patrono".[11] Ela faz eco àquilo

---

11 Georges Dumézil, *L'Héritage indo-européen à Rome*, op. cit., p. 78.

que os gregos, entre Homero e Heródoto, pensam de modo eminente de seus deuses: que cada uma das potências divinas recebeu como herança uma *timé*, um domínio de competência que é sua parte de honra, domínio que tem a forma de uma limitação marcada pela partilha. O mais famoso é aquele do qual provém o novo rei dos deuses depois de sua vitória sobre os Titãs. Um deus, uma deusa, recebem, portanto, aquilo que a *Ilíada* chama de erga: trabalhos, obras, atividades. Dos quais os deuses e os homens estão conscientes quando falam disso juntos. No canto V da *Ilíada*,[12] Afrodite lança-se em socorro de Enéias, com grande perigo diante de Diomedes, o qual reconhece logo Afrodite e alegra-se de fazer-lhe mal, pela força. "Ele sabe que Afrodite é uma deusa sem força (*analkis*), que ela não é uma dessas divindades que presidem aos combates humanos; ela não é nem Atená, nem Ânio que devasta as cidades". Afrodite é imediatamente ferida, e seu sangue, seu ichôr, começa a correr; desfalecendo, ela se arrasta até seu irmão-amante, Ares; pede-lhe insistentemente que a faça sair. E Zeus a consola, dando-lhe palmadinhas na face e lembrando-lhe que "não é a ela que foram dadas as obras de guerra (*poleméia erga*)": "Consagra-te, por tua vez, às doces obras de himeneu (*erga gamoio*)". Duas "funções", dois domínios distintos de atividade, separados, cuidadosamente delimitados. Na aparência, porque não é estranho para observador algum do politeísmo grego que, "nas doces obras de himeneu", Afrodite não está sozinha; há Hera, chamada de Realizada, *teleia*, em companhia de Zeus também todo *teleos*; que os Amores sensuais estão presentes da mesma forma que as Estações, as *Hôrai*; que Hermes é da partida, assim como Ártemis. O mesmo acontece com as "obras de guerra", que mobilizam Atená e Ares, sem dúvida, mas também

---

12 *Ilíada*, V, 330-430.

Enio e Eniálio, sem esquecer o casal Ares e Afrodite, levantado às portas da guerra, em Argos e talvez em Creta. E Zeus sabe muito bem que Diomedes, que confirma para Afrodite que, para as obras de guerra, Atená e o ardente Ares velarão sem cessar. Assim como outras potências, cujo abatimento não é adequado na circunstância: uma Afrodite de Ares teria sido malvinda diante de Diomedes e de Atená.

Seguindo esse modelo indígena, feito em casa – e qual! A de Homero –, há, de um lado, domínios respectivos atribuídos aos grandes deuses, com limites; um deus não deve se imiscuir no domínio de um outro; e cuide-se o mortal que esquece de reconhecer a competência de uma potência divina, se subir em um navio, se decidir se casar ou se partir para a guerra. Por outro lado, cada um desses "grandes domínios" – Dumézil chamava de "funções" – é atravessado por uma série de potências, partilhado entre deuses freqüentemente numerosos, dos quais cada um parece se encarregar de um aspecto, de uma dimensão, de uma significação meio-concreta, meio-abstrata. O politeísmo é, portanto, mais complexo do que Zeus parece dizer a respeito do Olimpo, assim como Dumézil, seu grande escudeiro, cortando aos golpes entre os deuses os modos de agir. No momento, notemos que o empreendimento de Dumézil – e até nos princípios tão fecundos para outros – se estendia na trama da socioantropologia de Mauss e do imperativo de descobrir categorias e classificações. Nada pareceria então mais novo e mais estimulante do que considerar os "deuses em sociedade" como um vasto "sistema de classificação": Mitra e Varuna, recinto fechado na soberania, ofereceriam um princípio formal de classificação; as fórmulas da tripartição descobririam conjuntos articulados de conceitos, de modos de classificar as grandes forças que animam o mundo e a sociedade. Descobrir categorias nas sociedades arcaicas, recensear formas de classificação em ação nas mitologias e nos sistemas religiosos, são empreendimentos que não deixaram de servir da melhor forma para o conhecimento do espírito humano, considerado em sua História e em suas variações.

Todavia, ao indicar, em certo momento de sua pesquisa, que os deuses – mais do que ser definidos pelo conjunto das posições que podem ocupar – se delimitam pela intenção e pelos meios de sua ação, Georges Dumézil colocava os analistas dos politeísmos em grande perigo de reforçar o paradigma mais tradicional, o do "deus individuado", o deus que se pode identificar com segurança e reconhecer por meio de certo número de traços constantes. O que poderíamos ganhar, fazendo o levantamento do conjunto das posições ocupadas por uma divindade no sistema politeísta em sua totalidade, iríamos perder, partindo para um modelo de panteão estático, habitado por deuses-agentes, classificados individualmente segundo um modo de agir, único e constante. Deixando-se levar a definir um "deus patrono" por meio de suas características fundamentais e por seu modo de ação em sua especificidade, Georges Dumézil nos levaria ao ponto de partida da análise clássica do panteão. O trabalhador paciente e obstinado da monografia em forma de tese saborearia já seu triunfo: sua escolha era a melhor e, quanto à carreira, sem dúvida, ela era e continuaria sendo a melhor tida em relação ao julgamento de seus parceiros historiadores e da confiança de seu "patrono", neste vale de lágrimas.

Os limites de "como um deus intervém"

É tempo de abordar as proposições de *experimentar* no campo dos politeísmos e, em particular, naqueles que são para mim menos estranhos, entre os quais os deuses da Grécia, em primeiro lugar. Eis que há 20 anos, mais ou menos, experimentei individuar as diferenças entre potências divinas que pareciam ter em comum um domínio de atividade, a arte hípica, a navegação ou a metalurgia, mas elas pareciam nisso intervir segundo modalidades contrastantes. Trata-se de uma série de análises, diretamente inspiradas em dois princípios avançados por Georges Dumézil: que, para definir uma potência divina, é preciso empreender o levantamento do conjunto das posições ocupadas por essa divindade no sistema politeísta em sua totalidade; em seguida, que convém partir dos agrupamentos habituais e das associações cultuais ou míticas entre duas ou mais potências divinas para explorar a natureza de suas relações respectivas, primeiro nos contextos mais explícitos, e, progressivamente, nos outros menos visíveis e menos conhecidos. Dois princípios que logo faziam reagir de modo crítico os historiadores da religião grega, garantes institucionais da leitura monográfica.[13] Conduzidas no âmbito de uma pesquisa sobre as formas e as figuras da inteligência astuta, essas análises "estruturais", visando a Atená e Posídon, Atená e Hefesto, tentavam descobrir traços diferenciais entre deuses conjugados em uma mesma forma de inteligência prática, mas segundo inflexões contrastantes que parecia judicioso colocar em evidência sobre o horizonte comum da *métis*, essa "inteligência astuta", que é igualmente uma potência divina de porte cosmogônico, Métis, cedo devorada pelo futuro soberano do Olimpo.[14] Não seria inútil, creio, observar de perto os saberes técnicos comuns a diversos deuses, como a metalurgia, onde se cruzam Atená,

---

13 É em seu nome que me foi dirigida a explicação de F. Robert, "Artémis et Athena", em *Recueil André Passart*, Paris, Les Belles Lettres, 1976, p. 135-157.
14 Marcel Detienne e Jean-Pierre Vernant, *Les Ruses de l'intelligence. La mètis des Grecs*, Paris, Flammarion, 1974, cap. IV, "Les savoirs divins: Athéna, Héphaïstos, p. 169-260.

Hefesto e os Telquines, ou então, como a navegação e "as maneiras de usar o cavalo" que põem em cena como essenciais Atená e Posídon.

Sem resumir essas análises, podemos indicar seus limites na perspectiva "experimental" que pretendo defender hoje. Em 1970-1974, parecia-me esclarecedor desdobrar a partir de um culto comum a Posídon e a Atená, um chamado *Hipo*, a outra, *Hipe*, a configuração de duas potências "do cavalo": uma cavalar e a outra eqüestre, uma vez que elas pareciam partilhar entre si o terreno "hípico". Duas grandes potências enfrentavam-se em uma relação de complementaridade, fortemente marcada em Corinto, em particular: Posídon se encarregava da violência, do ímpeto, da potência inquietante e incontrolável do animal, enquanto Atená se manifestava agindo pelo freio, pelo instrumento técnico de metal que permite o domínio inteligente do animal e de sua força natural. A análise de 1970-1974 se detinha sobre os modos de ação respectivos de uma e da outra potência, privilegiando no contexto de "astúcias da inteligência" tudo aquilo que reforçava o aspecto *métis* de Atená, ora chamada de filha de Métis e de Zeus, ora ela própria identificada com a mais elevada *métis* dos deuses. Contudo, a análise, procedendo por recortes entre relatos e rituais e neles descobrindo diversas configurações vizinhas à figura "coríntia" inicial, convidava ao longo do caminho a realizar uma série de experiências que teriam imediatamente tornado problemático o critério do modo de ação, constante e único. Experiências simples como, por exemplo, tomar o cavalo, analisado sob o aspecto "Atená" e sob o aspecto "Posídon"; colocá-lo ou colocá-los em contato "experimental", de início, com o deus da guerra, Ares, cheio de cavalos e freqüentemente de cavalos sacrificados; a seguir, com a divindade de Argos, Hera, tão desejosa de "poder soberano" e de bom grado belicosa e até francamente guerreira, pois a esposa de Zeus é abertamente *hipe*. Outra colocação em relação, desta vez mais do lado de Posídon: a Deméter da Arcádia, a negra, a que ostenta uma cabeça de cavalo, a Deméter Erínia e o cavalo Aríon, nascido da saliência de uma Deméter cavala pelo garanhão Posídon. Trata-se de ver qual aspecto de Ares colocado em referência a Atená ou a Deméter confrontada com Posídon pode repentinamente fazer descobrir uma dimensão inédita do cavalo, esteja ele atrelado, montado, ou seja, selvagem, com ou sem freios, devorador ou inspirado. E, reciprocamente, seria ocasião de observar na configuração assim apresentada certas dimensões de Ares, de Hera e de Deméter que outras manipulações permitiriam precisar, corrigir ou rejeitar, conforme o caso.

Entregando-se a tais experiências, o analista dos deuses gregos se mantém o mais perto possível dos dados factuais do campo politeísta, que é o seu. O que chamamos com os gregos de domínio do *polytheos*, da pluralidade das potências divinas, descobre-se em cada página da *Descrição da Grécia*, escrita por Pausânias, no séc. II de nossa era, mas também sobre cada pedra gravada que revela um calendário de cidade ou que confirma uma associação de divindades em um santuário, sobre um altar ou na organização de um ritual sacrifical. Os agrupamentos de deuses são um aspecto essencial da paisagem da Grécia, seja nos altos santuários pan-helênicos ou nas aldeias perdidas do país. Assim, no interior do grande templo de Apolo em Delfos, Pausânias notou a presença de um altar a Posídon e outros testemunhos precisam que duas outras divindades partilhavam também o mesmo espaço: Géia e Héstia.[15] Passemos para a

---

15 Pausânias, X, 24, 4.

Acaia: junto de Patrai, na pequena cidade de Pharai, sobre a praça pública, um Hermes quadrangular e barbado se levanta ao lado do altar de Héstia, divindade do fogo público. Além disso, neste caso, o casal Hermes-Héstia é colocado em movimento por meio de um ritual divinatório. Um pouco mais longe, na mesma cidade, Pausânias cai em um campo coberto de pedras: 30 pilares quadrangulares, anônimos e não esculpidos. Ora, em certas circunstâncias, os cidadãos de Pharai vão para este lugar juncado de pedras levantadas e "veneram os 30 pilares dando a cada um o nome de uma divindade".[16] Vamos para Argos, desta vez na companhia de Ésquilo. Chegam as filhas de Dânao, perseguidas por seus primos desde o Egito. Diante da cidade se eleva uma pequena colina, como um santuário cheio de deuses. Alguns são imediatamente identificados pela tropa dos Danaides: Zeus, Hélios, o deus Sol, e Apolo. Outros são reconhecíveis por duas marcas: o tridente, é Posídon; Hermes, o caduceu. Eles têm altares comuns.[17] Como estão organizados? Por tríades, por casais, por pentades? As combinações podem ser variáveis de um lugar para outro, como verificamos muito claramente no caso dos "12 deuses": ora seis casais, em Olímpia, ora quatro altares de três deuses, como em Delos. Mas por que duas vezes seis ou três vezes quatro? Passemos para o calendário de Érquia (dema Ática) publicado em 1963.[18] Col. A, 1. 44 e col. D, 1. 33, no mesmo dia do mês *Elaphebolion*: sacrifício a Semele; sacrifício a Dioniso. Uma cabra, um grupo de mulheres, a carne é partilhada, a pele cabe à sacerdotisa, *ou phora*, para consumir no lugar. Precisão: "sobre o mesmo altar". Outra associação, em *Gamelion*, D, 1. 30 (com B, 37 e G, 40): sacrifí-

---

16 Pausânias, VII, 22, 4.
17 Ésquilo, *Suppl.*, 189-222.
18 Cf. F. Sokolowski, *Lois sacrées des cités grecques*, Paris, 1969, nº 18, p. 36-44.

cio a Posídon, no mesmo dia e no mesmo lugar que o sacrifício oferecido a *Zeus Teleios* e a Hera. O lugar é o santuário de Hera em Érquia. Hera está em posição de hóspede, de um lado. Do outro, Posídon está diretamente associado ao casal protetor do matrimônio. Como e por quê? Sobre o altar de Amphiaraos, com 12 estádios de Oropos, há 18 divindades sobre uma mesa do altar, dividida em cinco partes. Em Claros, na Ásia Menor, no grande santuário oracular de Apolo, o altar principal é, desta vez, partilhado entre Dioniso e Apolo.

Partir das reuniões de deuses

O politeísmo se lê na Grécia sobre o chão, sobre os altares, nos templos, nos regulamentos sacrificais, nas representações figuradas. Os materiais que a cultura grega propõe aos historiadores da religião são arranjos constituídos, relações organizadas de dois ou de diversas potências, relações de oposição e de complementaridade explícitas entre divindades. O "estruturado" é, portanto, um dado imediato. Os panteões gregos são cheios de agrupamentos de deuses, de enunciados de hierarquia, de figuras de simetria, de antagonismo e de afinidades, tanto locais como pan-helênicas. Escolhendo trabalhar sobre os agrupamentos e as configurações de potências divinas, o analista dos politeísmos gregos mostra-se resolutamente pragmático, e até "positivista". Aos historiadores da abordagem monográfica que classificam preguiçosamente as "estruturas elementares" do panteão sob a rubrica "associações" de tal deus com tal outro, assim como sempre fez a *Altertumswissenschaft*,[19] ele chamará

---

[19] Por meio de uma de suas produções maiores, por outro lado indispensável: *Paulys Realencyclopädie der classischen Altertumswissenschaft.*

a atenção para as inumeráveis recorrências de associações e de agrupamentos de divindades entre Homero e Porfírio, de um extremo a outro da Antigüidade, desde as confidências de Zeus sobre os "domínios de competência" dos Olímpicos até os regulamentos cultuais, dedicações e calendários das cidades gregas do fim da época helenística.

Durante dez séculos, pelo menos, os gregos têm os mesmos deuses, os mesmos santuários, as mesmas práticas rituais, o que não exclui mudanças locais e variações contextuais. A longa duração do politeísmo grego oferece ao analista um terreno de experimentação que ele, segundo parece, ainda não explorou na mesma medida das descobertas epigráficas e dos trabalhos de erudição que não deixaram de enriquecer e, freqüentemente, de renovar nosso conhecimento dos panteões e das práticas cultuais. Desde que há historiadores que escrevem a História do pensamento religioso e a História dos deuses da Grécia, a questão da origem, e também a da etimologia, fascina-os tanto, senão mais, que o futuro e as vicissitudes de uma divindade indo de um santuário ao outro, passando de uma configuração modelada em tal lugar para a figura isolada e dominante que desejará lhe dar uma cidade em um momento de sua História.[20] Segundo Fernand Robert e outros, seria o devir histórico que faria os deuses e, sem dúvida, o resto. Não tenho razão decisiva alguma de recusar uma pesquisa que pretendesse encontrar na História e em seus acontecimentos a chave de um agrupamento de deuses ou de uma reunião de potências por meio de um altar ou em um santuário. Talvez se pudesse objetar mais justamente ao historiador em busca de origem que ele é obrigado a fixar arbitrariamente um primeiro conteúdo à "personalidade" de um deus antes que ela comece a se enriquecer – e por que não se em-

---

20 Perspectiva que é a de F. Robert, *loc. cit.*

pobrecer? – ao acaso da História e de seus acidentes. Nenhum analista do politeísmo pode ler e reconhecer uma configuração ou um simples casal de potências sem ter já certa idéia da silhueta ou do porte de Atená, de Posídon ou de Apolo. Todavia, se ele não considerar como preconceituoso pensar que Atená é, por exemplo, "um pacote de fetiches"[21] (serpente, *palladion* etc.), mais ou menos bem amarrado, ou ainda que Apolo é sem dúvida um deus hitita ou antes um asiático brutal e violento, o analista que espero que seja experimental se sentirá mais livre para ver como os agrupamentos estão organizados, e sobretudo se as reuniões são variáveis e diversificadas, ou ainda para analisar em profundidade a coerência de certas configurações, da mesma forma que para fazer reagir, uns em relação aos outros, os deuses mais contrastantes.

Os "reativos": objetos concretos

Sobre o terreno dos politeísmos gregos, a abordagem experimental será feita mais seguramente por meio de objetos concretos, servindo como "reativos",[22] do que por meio de colocações em contato direto de potências integrais cujos traços individuados, até implicitamente, iriam perturbar os efeitos da operação. O desvio pelos detalhes concretos e pelos segmentos de situação, se não for o caminho mais curto, é pelo menos o mais seguro para analisar os conjuntos de relações entre deuses e não se deixar seduzir pelas formas imediatas de deuses tão levados a se individualizar, para seus indígenas em primeiro lugar. Objetos, gestos, situações: desde os traçados entre deuses com

---

21 Assim *ibid.*, p. 152.
22 Imagem sugerida por Georges Dumézil, *Rituels indo-européens à Rome, op. cit.*, p. 74.

métis, como alguns deles que evoquei: o freio, o cavalo, o navio, o leme; da mesma forma, do lado dos gestos concretos, tínhamos: conduzir, guiar, caminhar, atravessar, delimitar, assim como certas situações cuja figura institucional provisória seria a guerra, o matrimônio, a agricultura, a morte ou o nascimento, proliferando em gestos e em objetos concretos, ilimitados, em princípio. Não temos dificuldade alguma para compor listas do gênero – em ordem alfabética: arco, cutelo, foca, fuso, golfinho, joeira, lança, rouxinol etc. Freqüentemente até, eruditos e historiadores ditos das religiões, curiosos pelos "atributos" de certos deuses, estudaram, e muito utilmente, o que eles chamarão de seus simbolismos, reunindo assim pedaços de enciclopédias e de aglomerados de representações religiosas. São os etnólogos, na primeira fila dos quais Claude Lévi-Strauss,[23] que puseram em evidência a riqueza de objetos concretos, de gestos e de situações práticas para entender esses relatos míticos e as aventuras de personagens sobrenaturais. Eles nos fazem observar que todo objeto, possuindo em princípio um número infinito de traços, pode ser associado a outros objetos em séries ilimitadas de associação. É aqui que intervém o conhecimento do contexto etnográfico que deve permitir ao analista de conjuntos politeístas saber o mais possível sobre sua fauna, flora, práticas de jogo, de caça, de guerra, sobre todos os aspectos materiais e concretos de uma cultura. Quer se trate de ler relatos míticos ou configurações de deuses, o helenista, na ocorrência deles, deve conhecer não somente os rituais, os calendários, os regulamentos cultuais, mas também os escritos indígenas sobre plantas, animais, pedras, minerais, técnicas, tudo aquilo que vai lhe permitir "pousar sobre uma rede cultural", mais ou me-

---

23 Em toda a sua obra desde *La Geste d'Asdiwal* (1958), mas muito luminosamente em sua obra recente: *Histoire de Lynx*, Paris, Plon, 1991, p. 249-255.

nos tão bem quanto um etnólogo em sua aldeia ou em uma etnia cujos Observadores do Homem teriam tido a paciência de escrever a Enciclopédia.[24]

Os procedimentos experimentais são familiares aos comparativistas, quer empreendam, como Lévi-Strauss, a tarefa de confrontar dois sistemas diferentes, ou tomar um objeto fácil de isolar, com contornos bem delimitados e cujos diferentes estados, revelados pela observação, podem ser analisados recorrendo a algumas variáveis apenas, das quais ora se pode reduzir o número, ora conservar aquelas que são de um mesmo tipo. De sua parte, Dumézil privilegiou-se as concordâncias em mais de uma ocasião, também freqüentemente empenhou-se em ver, à margem de uma pesquisa sobre a função guerreira (o terceiro herói matando um adversário triplo), como cada uma das sociedades, colocadas em relação uma com a outra, imagina o destino do "Terceiro Herói" depois do assassínio cometido, mostrando assim que ele tem ao menos quatro modos de se desembaraçar das conseqüências de uma violência necessária.[25] É prestando atenção nas articulações internas e nos detalhes significativos que Dumézil imaginou experimentar as incidências da estrutura tripartida sobre uma série de "noções ou categorias de noções, concretas e abstratas" que parecem, à primeira vista, importantes, em toda sociedade ou, mais especialmente, nas sociedades indo-européias – seu domínio de pesquisa.[26] Objetos, gestos, segmentos de situação: eis então os "reativos", ou seja, aquilo que provoca uma reação ao contato com uma potência, com um objeto ou com um gesto que vai

---

24 Método que praticamos em *Les Jardins d'Adonis,* Paris, Gallimard, 1972, voltando mais atentamente a isso no Posfácio: "Où en sont les jardins d'Adonis?" (2ª ed., 1989, p. 243-263).
25 Cf. Georges Dumézil, "A propos des aspects de la fonction guerrière", em *Cahiers pour l'Analyse,* nº 7, Paris, Cercle d'Épistémologie de l'ENS, 1967.
26 É preciso lembrar aqui como este aspecto foi posto em evidência por um leitor latinista de Dumézil: J. Scheid, "Georges Dumézil et la méthode expérimentale", em *Opus,* II, Roma, 1983, p. 343-354.

apresentar um aspecto não percebido, uma propriedade oculta, um ângulo insólito. Experimentação cujo princípio mais simples é ver "o que acontece". Dessa forma, Dumézil fez-nos descobrir a propósito do cavalo,[27] que ele não é um animal tomado ao acaso em uma "civilização", que a função guerreira, montada sobre o carro, arrastou a tão fulminantes conquistas. Colocado em contato com um representante qualificado de cada uma das três funções, o cavalo mostra três aspectos de sua natureza animal, ao mesmo tempo em que acusa certos traços da tripartição: ligado à quadriga do deus soberano, o cavalo torna saliente a virtude do triunfador divino, cuja Flâmine, a de Júpiter, jamais teve o direito de montá-lo nem, da mesma forma, de oferecê-lo em sacrifício; oferecido como sacrifício radiante ao deus da guerra – Marte , no caso –, o mesmo animal exalta as virtudes guerreiras e os valores da morte; apresentado à terceira função, o cavalo se confunde com os equídios e se torna uma besta de carga, igual ao burro e ao asno. O mundo indo-europeu teria conhecido cinco funções, e o cavalo seria enriquecido com duas outras qualidades. Assim como o objeto freio, que parece ausente do domínio indo-europeu, pode servir de reativo em uma configuração, reunindo em diversas formas de associação uma série de divindades gregas: Atená, Posídon, as Télquinas, Hefesto e outros ainda.

Entre o pé de Apolo, as passadas de Hermes e o pedestal de Posídon

É mostrando-se atento ao mais concreto que o microanalista se concede os meios de entrar experimentalmente nas con-

---

27 Cf. Georges Dumézil, *Rituels indo-européens à Rome*, op. cit., p. 73-91; *La Religion romaine archaïque*, op. cit., p. 276-278.

figurações de potências divinas que são os dados primários e as formas elementares propostas ao observador dos politeísmos em país grego. Tomemos um deus como Apolo,[28] do qual sabemos como, desde a *Ilíada*, ele está implicado nas altas configurações: em seus epítetos, seus cultos, seus rituais, ele oferece, para quem sabe prestar atenção, modos muito concretos, cuja epopéia homérica testemunha tão diretamente quanto o Hino consagrado a seu louvor no séc. VI antes de nossa era. Em toda a Grécia e durante séculos, Apolo é qualificado de *Aguieus*: deus dos caminhos, das estradas, da limpeza pública. Ele abre a estrada, ele marca os caminhos com pedras, por exemplo, aquelas que são levadas, veiculadas pelos sacerdotes de Mileto, no séc. VI antes de nossa era, na procissão de 17 quilômetros que liga as portas do santuário de Mileto com as portas do santuário de Apolo de Dídimo. Portanto, pedras erigidas ao longo das ruas, pedras levadas, em procissão, ao mesmo tempo em que o próprio Apolo recebe uma presença figurativa e cultual por meio de um pilar. O Hino homérico a Apolo conta longamente como o deus, nascido em Delos, organiza o espaço, pousa o pé, volta sobre seus passos, estabelece o território, organiza o espaço por meio de seu domínio da estrutura das vias de comunicação. Todo um vocabulário concreto espera o intérprete: colocar o pé sobre, desmatar-roçar, pousar-fundar. Porque Apolo começa por roçar o mato, baliza seu itinerário através da "floresta primitiva" (*hylé*, que significará mais tarde a matéria). Melhor ainda, Apolo constrói seus próprios caminhos e, chegando a Delfos, começa a colocar fundações de pedra, faz levantar os muros, manda colocar o limiar. Ele é arquiteto e fundador, no sentido pleno. Sobre os caminhos de Apolo, que cruzam os de

---

28 Para as referências e os desenvolvimentos necessários, cf. Marcel Detienne, *Apollon, de couteau à la main*, Paris, Gallimard, 1998.

Hermes e as encruzilhadas de Hécate, assim como os santuários de Posídon, há pedras carregadas, veiculadas, que ele estabelece e fixa em alguns lugares. Há também limiares a transpor, a defender; portas a construir, a proteger; recintos a traçar, limites a desenhar, a percorrer ou a proibir.

O que faz um microanalista diante dessas pedras e na frente dessas portas? Ele não perde tempo se perguntando se temos aqui "provas" da passagem do anicônico para a figuração antropomórfica. O Apolo de Belvedere coexiste sem estados de alma com um Apolo-pilar ou em forma de pedra cônica, tal como é representado pelo banal *aguieus*. O microanalista sabe, pela série de epítetos e pelo relevo dos arranjos, que o deus Hermes, o irmão mais novo de Apolo, partilha com o deus de Delos, de Delfos ou de Megara uma série de qualidades que se abrem sobre as portas e sobre os caminhos, sobre os limiares e sobre as pedras, sobre os recintos e sobre os altares, sem falar da música, de seus instrumentos ou ainda da palavra e de seus efeitos. Eis o campo de experimentação e de manipulações que o espera.

Neste estágio da pesquisa, o analista, que não achou necessário se munir de antemão de uma carteira de identidade de Apolo, encontra-se em posse de certo número de marcas concretas desse deus e, por meio delas, ele entrevê orientações dentro de um domínio mais ou menos apolíneo, uma vez que ele já tenha verificado que esse "domínio" recortava o campo de atividade de diversas outras potências, umas regularmente associadas entre si, outras ocasionalmente colocadas em relação. Chega a hora, e esta é a segunda etapa, de escolher uma configuração entre as do campo apolíneo e procurar o sentido do agrupamento ou as significações das articulações que o analista vai tentar reconhecer, colocando-as à prova de tudo aquilo que ele pode saber dos politeísmos e da sociedade que os usa enquanto ela os testemunha. A configuração do santuário de Delfos, por exemplo, reúne em torno de Apolo Posídon e Héstia, assim como Géia perto de Têmis, potências às quais convém acrescentar Dioniso, que não é o último a chegar nesse meio refinado do oráculo pítico. Como regra geral, o microanalista, colocado diante de um agrupamento de deuses, prefere um casal ou uma tríade a uma reunião tão complexa como a de Apolo em Delfos. Caso se trate de um casal como, por exemplo, Héstia-Hermes, ou Apolo-Hermes, a análise pode ser feita conforme dois caminhos: de um lado, por exploração interna das significações de cada uma das duas potências, colocando-as à prova de relatos, de cultos, de rituais e de instituições das quais algumas favorecem de modo igual a ação conjunta e contrastada de duas divindades que parecem exprimir uma estrutura do panteão. O outro caminho, que é, como me parece, complementar ao primeiro, leva a fazer reagir o par Héstia-Hermes ou Apolo-Hermes, colocando-os em contato, e freqüentemente explorando as relações explícitas, com o conjunto dos agrupamentos disponíveis, começando pelos mais próximos, como Héstia-Apolo-Posídon, Hermes-Afrodite-Héstia, Posídon-Géia-Apolo-Têmis, por exemplo. De um ou de outro modo, a abordagem permanece experimental e visa a reconhecer conjuntos de relações subjacentes.

A casa de Delfos em sua intimidade

Conforme a ocorrência, a configuração de Apolo de Delfos surge sob os passos fundadores de um deus apreendido cuidadosamente por meio dos objetos, dos gestos e das situações concretas que o fazem acontecer entre Delos e

Delfos. Para ir na direção de Géia, de Posídon e de Héstia, é recomendável seguir Apolo passo a passo, como é contado, no caso, no Hino homérico. Paralelamente ao verbo *ktidzein*, que liga o gesto de roçar, de abrir um caminho através da floresta primitiva, e o ato de pousar duravelmente, de fundar, a ação significada por *bainein* e seus compostos indica um movimento de passagem de um lugar para outro, colocando firmemente o pé sobre. O passo de Apolo faz tremer. Seu pé é o de um batedor; ele esmaga; ele imprime sua marca. Solidamente plantado sobre suas pernas, o deus protege cidades e territórios: ele *amphibainei*, firmemente postado "de um e do outro lado". Uma estabilidade homóloga à do caminho, bem construído, ligando um ponto a outro, um caminho que conhece um começo e um fim, um *archê* e um *télos*. Esta estabilidade apolínea vem ao encontro do único deus visível no percurso que leva a Delfos. Trata-se de Posídon, e não de Géia: o Posídon de Onquestos, reinando em seu bosque sagrado sobre o cavalo novamente domado e sobre o carro atrelado. Posídon *já está lá*. Em Delfos, ele alcança Apolo e lhe oferece "alicerces perfeitos" (*dapeda*), o solo aplainado sobre o qual o sobrinho, plenamente fundador, põe os *themeilia*, a pedra de limiar, os alicerces, tudo aquilo que exige um pedestal, um fundamento seguro, *asphaletos*, que é uma qualidade provada de Posídon. De modo particular, em lugares em que ele se apresenta como co-fundador, cúmplice de Apolo, que assume sozinho o papel de arquegeta, deixando ao tio a qualidade de *themelioûchos*, aquele que mantém solidamente os fundamentos.

O par formado por Apolo e Posídon no templo de Delfos, assim como a posição liminar de um pequeno santuário de *Gê*, convidam a não partilhar o credo dos arqueólogos de Delfos, para quem uma Terra de evidência oracular se encontra em harmonia com um sítio natural com vocação mântica, oferecendo com uma fonte e árvores a fenda e o loureiro. Como é sabido, depois de cem anos de escavações com pente fino, a *Gê* de Delfos, com sua atividade profética, permanece sem ser encontrada. Muda, lá como em Olímpia, ela significa uma antecipação por meio de suas virtualidades oraculares que se manifestam em seus conselhos dirigidos aos deuses futuros. À margem do templo de Apolo e no horizonte de Delfos, Terra representa, sem dúvida, o fundamento firme para sempre, aquele que subentende o Posídon dos "alicerces perfeitos". Não é a Géia da qual alguns querem fazer sua "paredra" (como gosta de dizer a História das religiões em sua língua de madeira), mas a Terra chamada de Bem Fundada, *Euthemethlos*, porque ela funda a si própria e em si própria. Em filigrana, uma hierarquia habita Delfos: a Autofundada, o Colocador de pedestais e o Construtor-Fundador.

Héstia, que se assenta no coração da moradia apolínica se refere igualmente à Terra por Réia, sua avó. Sua força de permanência e sua virtude de fixidez se focalizam no lar, a lareira-altar de sua casa, para a Pitonisa, para os sacrificantes-consulentes. Héstia, tornando-se Fogo "puro e eterno" para o conjunto das cidades gregas, Lar comum, mas tornando-se potência de abertura para as cidades novas, seus altares e seus pritaneus. Héstia, ainda, como *Dômatîtis*, ativa na construção da casa, e cortejada nela por Apolo e por Posídon, ambos que se qualificam tanto por seu epíteto de *Dômatitès* como por sua atração pela bela Fixidez de Héstia, por seu "alicerce imutável", tão desejável para o tio como para o sobrinho. O qual, todavia, nada espera dela para a palavra oracular que deixa Héstia tão muda quanto Posídon.

Manipulai, fazei reagir!

Ao passo que a ama do jovem deus, Têmis, longe de patrocinar "os oráculos de Terra", institui-se como aquela que, intimamente associada a Apolo, leva para os *themistes*, as "palavras fundadas" ou os *thesmoi*, os "decretos" dados pelo Senhor de Delfos quando ele fala e *themisteuei*. Medidadora entre Géia e Apolo, Têmis assenta-se junto ao tripé oracular, como Pitonisa que daria à palavra mântica seus valores mais importantes. Mãe ao mesmo tempo das *Moirai* (as Partes que são duas e, a sua cabeça, o Apolo *Moiragetés*) e das Hôrai (as Estações que regulamentam a ordem social), Têmis mostra-se hábil em dizer, junto com seus decretos, o presente e o futuro, dando à palavra oracular seu poder fundador a partir do santuário divinatório, estabelecido em primeiro lugar e antes de qualquer outra fundação, por Apolo, nutrido por Têmis. Outra entrada possível, pelos caminhos de *bainein*: um Apolo "das orlas do mar", deus "marítimo", ora chamado de *Embasios* ora de *Ekbasios*, embarcando ou desembarcando, cruzando assim Posídon, Atená ou Hera. Um Apolo que a expedição dos Argonautas permite colocar em relação com a consulta do oráculo, autorização para a partida, um percurso de ida e volta e modalidades de intervenção muito próximas das que descobrem a fabricação do navio, a navegação e os perigos do mar, considerados do ponto de vista de outras potências mais ou menos "marítimas".

Procedendo deste modo, o analista das configurações do politeísmo se dá a liberdade de desmontar e remontar o que Clifford Geertz chamaria de "lógicas parciais de pensamento". Em vez de escolher, inicial e freqüentemente sem confessar, entre dois retratos-robôs de um deus como Apolo – deus da superioridade moral (Walter F. Otto) ou deus terrível e violento (J.

Defradas) – o microanalista vai fragmentar, vai se deter sobre detalhes. Quanto mais ele restringe o campo da comparação – o pé e o limiar, por exemplo, entre Hermes e Apolo –, mais ele vai encontrar diferenças, distinções possíveis entre duas potências e outras convocadas para a ocasião. É seguramente interessante fazer reagir Posídon, Héstia ou Héracles diante de um limiar, do movimento de um pé ou de uma pedra, seja ela carregada ou fixada no chão.

Tantos modos de entrar nos pequenos sistemas de pensamento alojados nas reuniões e agrupamentos de deuses, e de ver como a adoção de um elemento de pensamento, de uma regra de ação, convida uma cultura a fazer escolhas, que são as dificuldades em ação na configuração considerada, em função de seu contexto cultural. Mais que experimentações, conviria falar de manipulações, pois, se a experimentação exige tanto a repetição dos fenômenos entregues à observação como a possibilidade de intervir sobre as condições da experiência, as manipulações podem cobrir aquilo que queremos dizer ao falar de pôr em contato, de fazer reagir uns em relação a outros fenômenos e configurações que jamais se repetiram integralmente no curso da História, mas dos quais uma cultura, interrogada na profundidade de sua duração, oferece recorrências formais em contextos suficientemente variados para fazer ver as transformações de alguns dos elementos que compõem esses fenômenos e configurações.

É preciso dizer de novo. A abordagem experimental que propomos não pretende de modo algum desconhecer os traços que dão ao politeísmo dos gregos seu estilo: que as formas (*schémata*) dos Olímpicos se descobrem claramente sobre os primeiros albores da cultura contemporânea de Homero; que por arte dos pintores e dos escultores as figuras divinas se individualizam muito rapidamente e em todo lugar; que os poetas e os artesãos da palavra não deixaram de adornar os grandes deuses com relatos e louvores estritamente ajustados a cada um deles; ou ainda que, conforme o tempo e o lugar, a curva das paisagens do politeísmo se modificou, a menos que ela não tenha sido redesenhada conforme um projeto interrompido. A liberdade com a qual algumas reuniões políticas reorganizam o calendário das festas e a hierarquia dos sacrifícios é um dado importante da prática politeísta na Grécia. Fazendo isso, as cidades gregas não dispensam os arranjos de deuses ao acaso nem à arbitrariedade; elas experimentam no cotidiano algumas das combinações oferecidas pelo sistema e por suas potencialidades.

Chamando a atenção para tudo aquilo que não foi dito claramente dos deuses e de seus poderes, gostaria de convidar os analistas dos conjuntos politeístas a descobrir como as potências divinas estão ligadas por dezenas de facetas ao conjunto dos objetos e dos fenômenos da vida social e do mundo natural. Sem dúvida, os deuses podem ser postos em relação explícita em configurações das quais algumas se desdobram em relatos ora mitológicos ora "teológicos" no sentido grego, mas são primeiro tomados na série das microrredes que as apresentam em interação complexa sobre toda a extensão do campo cultural. Apenas manipulações repetidas permitem entrever progressivamente a riqueza do tecido politeísta nas sociedades onde cada deus está primeiro no *plural*. As ilhas gregas representam apenas uma ínfima parte do vasto continente politeísta que antropólogos e historiadores devem explorar, contanto que tenham o gosto da experimentação e das viagens sem destinação.

V

DAS PRÁTICAS DE ASSEMBLÉIA ÀS FORMAS DO POLÍTICO. ABORDAGEM COMPARATIVA

É uma opinião bastante difundida que a democracia caiu do céu, de uma vez por todas, na Grécia, e até sobre uma única cidade, a Atenas de Péricles, com a qual outros começos, mais revolucionários, gostam de conversar com um diálogo sempre renovado, desde o séc. XVIII. Na memória dos europeus, as inaugurações da democracia ocupam um lugar importante: os italianos referem-se de bom grado ao movimento comunal dos sécs. XII e XIII; os ingleses, os primeiros a ousar cortar a cabeça de um rei, voltam-se com segurança para suas assembléias, as *Commons*; ao passo que os franceses privilegiam, não sem boas razões, o corte radical de 1789. Todas essas tradições nacionais são respeitáveis; elas pertencem à Europa futura, e os historiadores das diferentes nações não deixaram de mostrar seu bom fundamento, embora evitando cuidadosamente uma comparação que não tornasse necessária, a seus olhos, a diferença de cronologia e que teria podido ferir uma memória nacional da qual, na Europa, os historiadores são naturalmente os guardas vigilantes.

Múltiplos inícios

Segue-se que, com muita freqüência, os historiadores do político acompanhados pelos politólogos limitam o confronto entre as democracias antigas e modernas a julgamentos de valor, dos quais o mais apreciado leva a se perguntar se, de fato, os atenienses conheceram a democracia. Porque Atenas, a Atenas de Tucídides de preferência, parece ser o único interlocutor dos dois lados do Atlântico, colonizados pelas verdadeiras democracias. Entretanto, cada um sabe ou pode saber facilmente que os inícios do movimento comunal na Itália tocam dezenas de cidades durante dois séculos, ao passo que, na Grécia antiga, são diversas centenas de pequenas comunidades humanas que experimentam por mais de três séculos formas do político com vocação igualitária. Do mesmo modo que cada pequena comuna na Toscana ou no Veneto empenha-se em uma aventura, fazendo escolhas que vão arrastar para uma História específica, cada uma dessas minúsculas cidades da Sicília ou das bordas do mar Negro vai inventar por sua própria conta, a partir do séc. VIII antes de nossa era – que data de ontem –, modos de deliberar e de decidir "questões comuns". O povoado de Draco ou a pequena cidade de Sólon representa apenas um tipo de cidade entre dezenas de outras que fruem a mesma liberdade de viver práticas de vida comum inéditas. Depois de 30 anos, o campo da comparação pode se estender a outras sociedades e a novos continentes. Por exemplo, os historiadores da Ucrânia e do mundo russo descobriram maneiras tão estranhamente democráticas dos cossacos do séc. XV ao séc. XVII. Ao passo que antropólogos, partindo para a Etiópia do Sul a fim de pesquisar sistemas de parentesco, recolhiam em suas redes práticas de assembléia autóctones que desenhavam "lugares do político", como foram chamadas por um de seus descobridores.

Sem esperar os achados de outros observadores do homem – hoje muito ansiosos por serem acusados de importunação etnográfica –, é lícito contar com uma pluralidade de invenção desses lugares do político em sociedades que o espaço e o tempo colocam à distância umas das outras. Os Ochollo dos montes Gamo, habitando a Etiópia do Sul desde o séc. XIX, não parecem ter consultado os arquivos comunais de Sena ou de Arezzo; e os cossacos de Zaporojie, no séc. XV, não encontraram necessariamente na *Ilíada*, e menos ainda sobre o sítio de Megara Hyblaea, o princípio da agorá e do círculo da assembléia comunitária. Quanto aos Constituintes franceses de 1789, se estiveram bem informados do sistema inglês que se encontrava com um século de avanço, parecem ter tido de inventar tudo sobre a tábula mais ou menos rasa daquilo que irão chamar de Antigo Regime. Aos historiados livres o bastante para não se embaraçar com as obrigações da Ordem que os governa, os antropólogos ensinaram que diferentes culturas na África e no mundo eslavo puseram em prática, ontem e hoje, formas de democracia nas assembléias reunidas para debater "questões comuns" do grupo. Não há, além disso, um milagre Ochollo, assim como não há um milagre grego ou cossaco. A ocasião parece perfeita para pessoas em conivência trabalharem de diversos modos em um domínio em que antropólogos-historiadores e historiadores-antropólogos decidem colocar em perspectiva uma série de invenções do político que pertence à humanidade antes de salientar não sei qual saber institucional.

Práticas concretas

A finalidade desse comparativismo é dupla: analisar experiências de início, de um lado; do outro, fazê-lo por meio das práticas concretas de se reunir em assembléia. Se não forem confundidos com as origens, os inícios oferecem a vantagem muito valiosa de permitir a observação de fenômenos por vezes menos complexos e mais abertos do que estados institucionais desenvolvidos. Oferecem igualmente aos próprios observadores o desdobramento de práticas mais concretas e maneiras muito empíricas de modelar o político deixando ver como se toma a palavra em público, segundo qual cerimonial ou ritual os participantes se dispõem, em qual lugar decidem se encontrar, em suma, segundo quais regras primeiras uma comunidade representa a si própria: primeiro esboço da soberania do grupo tal e qual. Privilegiando os inícios do político por meio de práticas constituintes em uma série de sociedades que oferecem tantos terrenos diferenciados aos historiadores e aos antropólogos, nós nos mantemos perfeitamente à parte de uma abordagem que pretendesse distinguir as diferentes formas da "autoridade" ou do "poder legítimo" por meio das instituições das quais elas parecem solidárias. Nosso ponto de partida é, portanto, o exercício da assembléia observado em sociedades que se ignoram: as deliberações dos guerreiros homéricos à margem das primeiras cidades gregas; os encontros quase cotidianos dos Ochollo em seus fóruns; as reuniões incessantes dos Constituintes que estabelecem o princípio da autonomia parlamentar e que constroem dia após dia um novo político.

As questões comuns

Reunir-se em assembléia para deliberar sobre "questões comuns" não pode se confundir com tagarelar sobre questões diversas sem que cada um jamais esqueça seu lugar na hierarquia social. "O que é comum", nas sociedades ignorantes do Estado no sentido jurídico ou da nação, tal como ela aparece no séc. XIX no Ocidente, pode se definir a partir de experiências como a presa de um despojo de guerra ou a propriedade coletiva de terras. Ainda é preciso que o direito de palavra, necessário para a chegada de uma assembléia deliberativa, chegue a ser concebido sobre o modo do direito de fazer a guerra. Algumas sociedades que valorizam a excelência no combate ao mesmo tempo em que a excelência no conselho parecem ter descoberto as duas dimensões solidariamente. Outras, surgidas em meio urbano ou no interior de um mundo hierarquizado, parecem fazer a invenção progressiva disso que pode ser uma *communitas*, quer seja uma cidade a gerir ou um território a defender, como nas comunas urbanas ou rurais da Itália medieval. A "vontade geral" não é o produto imediato de práticas regulares de assembléia. A "Soberania do Povo" não se impõe de início em um grupo que experimenta maneiras de agir em conjunto e descobre progressivamente as razões de sua solidariedade.

A sociedade cossaca não conhece provavelmente um início aristocrático, mas a idéia de uma "comunidade" (*tovarýstvo*) parece se constituir com a de propriedade coletiva, de alimentação comum e de igualdade tanto da palavra como do acesso aos cargos oficiais. Como se a função guerreira tivesse produzido de uma vez uma sociedade de tipo igualitário ou o registro da palavra teria permanecido mais rudimentar que o da guerra. O círculo formado pelos cossacos em assembléia é para nós enigmático quanto a seu traçado inicial, na medida em que não conhecemos os gestos de fundação de uma comunidade de "homens livres". No mundo grego, ao contrário, temos ocasião de observar modos de criar cidades com assembléias deliberativas ao mesmo tempo em que conhecer representações, tão antigas no tempo, dos modos de falar de "questões comuns". Oito séculos antes de nossa era, com efeito, por volta de 750-730, entre a Ásia Menor, a Sicília e o Peloponeso, grupos de homens, muito móveis, parecem tomar consciência de si mesmos fazendo exercícios de assembléia onde eles escolhem estabelecer-se. Por meio de uma boa sorte, singular nesse terreno histórico, dois espaços de assembléia se correspondem em espelho, descobrindo no mesmo orbe a fábrica do político em seus traços essenciais. O primeiro desses espaços é monumental e arqueológico: pertence a uma das mais antigas cidades gregas implantadas na Sicília. O segundo, tecido de palavras e de gestualidades, toma forma na representação que lhe dão os cidadãos de Ítaca e os aqueus *da Ilíada*, no decorrer do próprio séc. VIII. De um lado, portanto, os megarianos que partiram na direção das terras do Ocidente desenham sobre a margem do lado sul da Sicília o plano da futura cidade de Megara Hyblaea. Próximo ao meio da localização escolhida, eles reservam o espaço de uma agorá, que será arquiteturada três gerações mais tarde.

Outro dado inicial que deve ser colocado em relação com o traçado da agorá: o território é dividido em lotes mais ou menos regulares, mais ou menos iguais e, sem dúvida, sorteados. A respeito dessas descobertas da arqueologia e dos trabalhos de historiadores nos anos 70, uma evocação se impõe: uma vinheta suspensa nos relatos de Ulisses: Nausítoo, o pai de Alcínoo, o avô de Nausícaa, fugindo da vizinhança impossível dos ciclopes – essas gentes "sem assembléias", brutas, violentas – vindo fundar, em uma terra de ninguém, uma cidade, uma *polis*, com sua agorá, sua muralha de pedra, templos para os deuses e lotes de terra repartidos entre os habitantes. Ao primeiro espaço de assembléia, resgatado e tornado legível pelos cuidados dos escavadores, um outro vem a responder com, desta vez, uma agorá em plena atividade, quer seja a assembléia dos gregos armados diante de Tróia ou a praça pública dos habitantes de Ítaca. A *Ilíada* não faz mistério a respeito: os gregos que vieram combater os troianos desenharam no meio aproximado de seu acampamento um espaço para as assembléias, uma *agorá*. No vocabulário da epopéia que todos nós podemos examinar, agorá significa ao mesmo tempo o lugar, os homens que nele se encontram e as palavras que nele trocam. Uma agorá é primeiro o lugar onde se realizam as assembléias; um altar para os deuses fixa sua orientação; a seguir, é o povo em guerra que forma a assembléia daqueles que deliberam; por fim, é o discurso pronunciado em público, nesse lugar de debate. Mais precisamente, *agorá*, tanto no singular como no plural, designa "a luta dos discursos", "os debates que aconteceram na assembléia". Espíritos avisados notaram há tempo que nem na epopéia nem em outro lugar *agorá* se apropriou disso para significar uma troca de palavras informal, uma tagarelice, uma conversa que chamaríamos de privada. Desde suas primeiras aparições, a *agorá* representa um lugar de debates sobre as questões comuns do grupo reunido em assembléia; ele requer que a tomada da palavra seja feita segundo um ritual, fixado desde a epopéia. Com efeito, uma assembléia, desde os tempos de Homero, toma a forma de um círculo ou de um hemiciclo: quem quer tomar a palavra avança para o meio, pega o bastão, o *sképtron*, que confere autoridade a seu discurso, a seu parecer ou conselho, o qual deve imperativamente versar sobre aquilo que a Odisséia chama explicitamente de "questão pública" (*dèmión tî*), uma questão que se refere à coletividade, o conjunto daqueles que estão reunidos em assembléia e que gozam por princípio de um direito de palavra semelhante.

Modelar um lugar de palavra

Em terreno grego, o observador toma gestos, práticas, um ritual da palavra para as questões do grupo, assim como modos aptos para configurar um espaço que parece inédito, um lugar de assembléia, uma *agorá* cuja forma arquitetural parece nascer do exercício de uma palavra polarizada por aquilo que é comum à igualdade. Para colocar em perspectiva esses inícios gregos, que não deixam de perturbar nosso olhar, o comparativismo pode voltar-se para outras práticas igualmente constitutivas para sociedades com vocação igualitária e deliberativa. Algumas estão próximas de nós. Por exemplo, a dos primeiros Constituintes em 1789, na França revolucionária. Quando o Terceiro Estado decide se reunir, o problema do espaço imediatamente se apresenta. Os deputados se reúnem na sala geral, comum às Três Ordens, uma sala dominada por um estrado em que se eleva o trono do rei e onde a corte se assenta. Diante desta alta e ampla tribuna se levanta uma grande mesa à qual estão sentados os secretários de Estado e, mais além, estão os bancos dos deputados. Banquetas mais ou menos estofadas para o clero e a nobreza; de madeira simples para o terceiro estado. Portanto, sem degraus. Parece muito difícil que uma assembléia de mil e duzentas pessoas possa conferenciar assim, de modo inteligível. O Terceiro Estado vai se constituir como Assembléia nacional sem deixar esse local; vai fazê-lo na confusão de um espaço amontoado de banquetas, e que é um espaço concebido para escutar e para contemplar, não para debater e tomar a palavra. O historiador que analisou o dossiê das primeiras assembléias entre 1789 e 1791 – trata-se de Patrick Brasart em

Palavras de revolução[1] – manda observar que, de início, os franceses não tinham experiência alguma que lhes fosse própria a respeito de um verdadeiro debate parlamentar. Os Constituintes vão inventar uma ordem do dia, escolher um lugar fixo onde tomar a palavra conforme a ordem prevista, preparar em comitês e em comissões as questões a debater. É apenas em 1791, no dia 11 de outubro, que um deputado, Quatremère de Quincy, exige e obtém que se dê à sala a forma de um círculo ou de uma elipse, de modo que cada membro da Assembléia esteja sob o olhar de todos os outros. Primeira sugestão de um espaço igualitário, mas o requisito explícito é de ouvir e de ver, de modo a não se estar obrigado a gritar, pois, observa um deles, "um homem que grita está em um estado forçado e, por isso mesmo, está pronto a entrar em violência, [...], ele comunica essa disposição em que ele se encontra àqueles que o escutam". Relatório, comitê e a decisão é tomada para construir uma sala meio-elíptica: o presidente da Assembléia estará no centro, e degraus semi-circulares se estenderão ao redor. Restará ainda a escolher o melhor lugar para a tribuna do orador diante da Assembléia, mas sempre diante daquele que a preside. Esse princípio da palavra no centro vai diferenciar profundamente a eloqüência revolucionária francesa em relação à dos *Commons*, às assembléias inglesas em que, desde o séc. XVII, cada um fala de seu lugar, dirigindo-se ao presidente.

1 Algumas referências bastarão enquanto esperamos o volume coletivo em preparação. Por exemplo, Marc Abélès, *Le Lieu du politique*, Paris, Société d'ethnologie, 1983; Patrick Brasart, *Paroles de la Révolution. Les assemblées parlementaires 1789-1794*, Paris, Minerve, 1988. Dois livros que me fizeram descobrir sobre campos contrastantes (a Etiópia do Sul, a França dos Constituintes) a importância das práticas de assembléia para modelar o político em sua autonomia. O resto continuou com os obstáculos habituais. Para as cidades gregas, o livro maior acaba de ser escrito por Françoise Rusé, *Délibération et Pouvois dans la cité grecque*. De Nestor à Socrate, Paris, Publications de la Sorbonne, 1997.

Para o comparativista no trabalho da experimentação, os Constituintes de 1789 oferecem um terreno de observação espantoso para ver como práticas de assembléia novas desenham um espaço adequado para deliberações entre representantes da nação que dispõem de um direito de palavra igual para tudo aquilo que se refere ao bem do povo, logo Soberano. Não é a primeira experiência da democracia, nem a última, seguramente, mas é uma das que, em dois anos, reinventa a forma circular e teatral do espaço deliberativo, o mais familiar, segundo parece, às sociedades com vocação igualitária. Dois anos, é ao mesmo tempo curto e longo para reencontrar aquilo que parece fazer parte da memória cultural de uma sociedade tão sensível a Plutarco e à Antigüidade dos teatros e dos lugares de assembléia. Talvez fosse necessário precisamente tomar o caminho das práticas em vez de fazer apelo à memória dos outros, caída em desuso por causa das formas de ação repentinamente possíveis.

Uma democracia inventada na África

Práticas de assembléia concretas e cotidianas, é ainda aquilo que torna tão insólitas certas sociedades da Etiópia do Sul. Hoje, sobre o continente africano em que, sem dúvida, outras experiências do mesmo tipo tiveram lugar sem chamar a atenção dos viajantes ou dos observadores. Um etnólogo francês, que partiu há 25 anos para fazer a cartografia das relações de parentesco nos montes Gamo, descobre, nessas terras distantes um espaço amplamente organizado pelas assembléias de quarteirão, de subquarteirão, assembléias gerais de todos os quarteirões para as questões mais importantes. A sociedade dos Ochollo, descrita por Marc Abélès, escolheu o exercício deliberativo para debater "questões comuns" entre "cidadãos", ou seja, os homens e os jovens rapazes na idade da puberdade. As assembléias plenas, preparadas e convocadas por personagens *ad hoc*, desenvolvem-se no interior de um círculo de pedras levantadas, talhadas em forma de assentos. Quem pede a palavra aos presidentes avança no círculo, de modo a ficar diante da assembléia. Até o presente, nada leva a crer que os Ochollo se inspiraram na *agorá* de Ítaca e de seus altos assentos de pedra. Em uma sociedade africana que não conhece nem direção autoritária nem poder régio, a assembléia aparece como o único lugar do político. Ela está aberta a todos. As mulheres, recentemente autorizadas a tomar a palavra, porém no limite do círculo masculino, são hoje inteiramente cidadãs, pois conquistaram um direito igual à palavra que elas queriam exercer, tirando proveito do avanço do regime socialista de Addis Abeba. Uma assembléia Ochollo abre-se e encerra-se; os dignitários, encarregados do ritual, jogam erva fresca sobre o lugar, abençoam a assembléia, fazem votos para sua fecundidade. É nas assembléias plenas que se tratam as questões "que se referem a todos os Ochollo". Por quais caminhos esses etíopes da montanha, outrora guerreiros, descobriram esses modos igualitários de debater questões comuns? Coincidem elas com as que os cossacos receberam quando, no séc. XV, fundaram suas primeiras comunidades? Ou, ainda, que relação podem ter essas duas experiências com o pequeno teatro das assembléias tumultuosas dos homens do bronze no meio de navios encalhados diante de Tróia e de suas íngremes muralhas?

Reunir-se e dar forma à res publica

Há 30 anos, parecia evidente que toda sociedade era política e que a política era uma questão de poder. Hoje, "maio de 68" torna-se objeto de uma comemoração nacional na França dos patrimônios, e ninguém mais lembra-se de crenças tão banais. A Antropologia contemporânea reconhece serenamente que ela não é mais que a História condenada a pensar o político entre sociedades sem Estado e outras que dele estão tão bem providas que não deixam de se queixar disso. Privilegiando modos concretos de se reunir e "o político" que modelam essas práticas de assembléia, buscamos ver como se desdobram representações de questões comuns por meio de experiências variadas e distintas, que a humanidade fez ou está a ponto de fazer. Por outro lado, um comparativista atento não pode ignorar que os filósofos de inspiração fenomenológica estabeleceram para si um dever de pensar as formas da comunicação em relação com o espaço público. Sem dúvida, o desvio pela Filosofia não é necessariamente o atalho mais exótico, mas sua força conceitual deveria ter valor de viático para uma abordagem experimental do reunir-se em assembléia no mundo. Para o europeu contemporâneo, cultivado e até civilizado pelas formas de comunicação que Martin Heidegger denunciava tão bem nos anos 30, parece evidente que o ser que eu sou é dotado de espacialidade. Estar no mundo, aqui ou lá, implica que se está com, que se coexiste e, portanto, que o mundo é comum e se partilha com os outros.

O *Dasein*, ou, se preferirmos, o Estar-aí, tende espontaneamente para a proximidade e até para o ser-em-comum com os outros. Segue-se daí que o espaço comum parece estar sempre presente no horizonte, mas ele é, ao mesmo tempo, conforme se diz, a ameaça mais grave para a autenticidade tão desejável do *Dasein*. O qual perde-se, esquece-se no ser-com no mundo em que se desenvolve – cada vez mais desde a TSF, notava justamente um filósofo que não suspeitava do belo futuro da Internet – o anonimato, o nivelamento, a publicidade desviada, tudo aquilo que acarreta muito lastimavelmente a inautenticidade do ser. Aquilo que não é bom augúrio para o futuro do político, evidentemente inseparável deste domínio público, verdadeiro câncer do estar-aí-no-mundo. Outros filósofos da mesma estirpe, mais otimistas, discernem na relação originária do *eu* e do *tu* uma forma essencial da comunidade que dá acesso, não sem ruptura, a um possível político, proibindo a esse *nós*, conjugando o *eu/tu*, de abrigar-se no grupo comunitário. A partir disto – seguindo o mais perto possível o discurso dos aborígenes –, parece que o espaço público do político torna-se acessível como uma ultrapassagem do comunitário fechado sobre si mesmo. É interessante observar que esses discursos filosóficos com intenção radical fazem continuamente referência aos gregos, a seus gregos preferidos, quer se trate de um fragmento de Heráclito, de reflexões escolhidas de Aristóteles, ou ainda *da* cidade, ora abstrata ora idiossincrásica para cada um. Gregos, portanto, tanto mais intocáveis quanto mais ancorados em uma arcaicidade primordial, que nenhuma leitura histórica deve esperar conhecer ou sem dúvida verificar.

Do ponto de vista do antropólogo que escolheu refletir sobre práticas nas diversas sociedades concretas colocadas em perspectiva, os modelos fenomenológicos, recebidos ou não pelo senso comum de nossos contemporâneos, não têm menos importância que as teorias indígenas recolhidas nas sociedades distantes ou desaparecidas. Mas nosso objetivo nesta pesquisa, é comparar práticas que constituem aquilo que chamamos o lugar do político. O que é se reunir em assembléia, não em geral, mas em sociedades concretas que nos é dado observar e interrogar?

Sem fazer hipótese teórica sobre a sociabilidade da espécie humana, podemos admitir que reunir e juntar seres, fazendo parte do gênero *Homo sapiens*, não marcou uma reviravolta na História da humanidade tão decisiva quanto o postar-se de pé. Pelo menos não temos indício algum a esse respeito. Em contrapartida, reunir-se não é uma prática imediata de todo grupo ou de cada coletividade. Para os membros de um grupo, reunir-se implica uma decisão primeira que pode ser diversamente motivada, mas que – caso não provenha de uma autoridade soberana que impõe e ordena – empenha a vontade de cada um. É possível reunir-se para fazer a guerra, para sair para a caça, para fazer festa ou celebrar um ritual. Mas reunir-se em assembléia, para falar junto em um lugar determinado, é o procedimento que retém nossa atenção sem que procuremos de início articulá-lo a outros, provavelmente contíguos, e até solidários. Trata-se de uma prática que recorre à vontade, a vontade de alguns mais motivados que outros, pois a vontade geral à qual se referem ardorosamente os Constituintes de 1789, por exemplo, parece ser uma representação filosófica construída e aceita no séc. XVIII. Considerando a mesma configuração histórica, poder-se-ia dizer que as ordens – nobreza, clero e terceiro estado – são reunidas por ordem do rei. Ao passo que o terceiro estado, no momento em que se declara "Assembléia nacional", deixa de ser, assim que o diz, uma "agregação de indivíduos", e começa a se reunir, conforme a vontade da Nação. No processo que faz "se reunir em assembléia" há mais do que estar-no-mundo-com para habitar ou para banquetear. As pessoas se reúnem para dar forma a um falar-junto que vai no sentido dos interesses do grupo, mesmo que tais interesses sejam por vezes percebidos por uma minoria ativa. Ser autenticamente si mesmo é um luxo das sociedades industriais, quer nos preocupemos com isso ou não. Prova que, em nossa raquítica modernidade se estiolando em *post-modern*, a busca de autenticidade se tornou um malestar do porte de muitos papéis de crédito. Os membros de um grupo que decidem se reunir dão forma por suas práticas a certa representação de sua coletividade: a idéia de "comunidade" no meio cossaco; a de *universitas* para as comunas italianas; ou ainda a noção de "lar comum" e de "comum", no sentido de questões comuns nas cidades gregas.

Não há uma única maneira de ir para a coisa pública – aquilo que os romanos chamaram de *respublica* – a República. Nas comunas italianas, os grupos de cidadãos que vão progressivamente depreender a idéia de *comunitas*, vão fazê-lo por meio de experiências diversas: formando milícias, responsáveis pela segurança das portas, das muralhas, dos pontos vitais de sua cidade; mas também inquietando-se em modelar, por meio de regulamentos públicos, espaços públicos articulados aos caminhos de comunicação. Para algumas dessas comunas, o triunfo será edificar um Palácio comunal, que reina sobre uma praça em que a comuna se dá como espetáculo de si mesma e – por que não? – do bom governo que ela se gaba de exercer. Na sociedade cossaca, como lembramos, as práticas igualitárias de assembléia são reforçadas pela tiragem da sorte das partes de despojo e das terras atribuídas a cada um dos "homens livres". Mas o círculo da assembléia comunitária recebe em cada uma de suas sessões as insígnias do poder, bandeira e longa haste terminada por uma esfera de cobre, guarnecida com caudas de cavalo. Tais insígnias são depositadas no centro do círculo, conferindo-lhe, assim, um valor simbólico, realçado pelos emblemas do poder, confiados nesse mesmo espaço aos membros eleitos do executivo: a maça do chefe de guerra, o selo dos juízes e o grande tinteiro de prata do clérigo.

Na Grécia arcaica, em um meio igualmente guerreiro, que chamamos de a "agorafilia" e a arte dos debates, as práticas de assembléia são solidárias de outros usos, como a partilha do despojo, que fazem surgir, a nossos olhos de leitores da *Ilíada*, uma representação da "coisa comum". Da mesma forma que o orador, portando o cetro, avança para o centro da assembléia, é neste mesmo ponto central que os guerreiros, ao voltar de uma expedição vitoriosa, vão depositar seu despojo, chamado de "fundo comum", as coisas comuns, designadas pelo termo que vai se impor sobre o plano político para dizer "a cidade" ou, mais precisamente, o lugar do político. A excelência à guerra e a excelência à palavra obedecem ao mesmo modelo espacial: um espaço centrado e igualitário para um grupo que toma consciência de si e que começa a decidir soberanamente sobre suas próprias questões. Questões humanas, em primeiro lugar.

Notários, escribas, mensageiros: modo de publicidade

Para estender-se, um lugar do político tem necessidade de publicidade e de espaço público. Os filósofos recordam de bom grado o sentido, hoje em desuso, que Kant dava à "publicidade": o de tornar público, ou seja, materialmente imprimir e oferecer assim à livre discussão. A imprensa é, no séc. XVIII, uma técnica essencial para a difusão de opiniões e de debates. Sem ela, a opinião pública, que é inseparável da vontade geral, teria permanecido um simples rumor, condenado à impotência. Essa forma de publicidade que devemos já compreender historicamente é perfeitamente incongruente no mundo das comunas italianas, nas assembléias cossacas assim como entre os Ochollo. Mas, em cada uma dessas sociedades, tornar público é um aspecto essencial do reunir-se em assembléia. Nas comunidades dos cossacos, todos os "documentos", todas as decisões são comunicadas em voz alta sobre o lugar da assembléia: a publicidade reforça o caráter público do lugar em que os homens livres se reúnem. Se, entre os cossacos, a escritura está discretamente presente na simbólica do grande tinteiro de prata, ela desempenha no mundo comunal das cidades italianas um papel muito mais importante para dar forma à publicidade e ao espaço público. São os notários com os cônsules que introduzem o direito romano, estabelecem as minutas das primeiras assembléias, colocando por escrito os direitos dos leigos, que autenticam as formas de delegação e, assim, tornam públicos os poderes que a comuna conquista. É preciso lembrar isso: as praças cívicas, que nos parecem ser o teatro natural do poder comunal, aparecem tardiamente, em geral dois séculos depois das primeiras práticas de assembléia e de conselho. Outros espaços públicos provisórios, mas ligados à catedral ou aos cemitérios, prometerão uma publicidade descontínua e menos eficaz, sem dúvida, do que a das assembléias Ochollo na Etiópia do Sul.

Enquanto as praças públicas e os palácios comunais são edificados entre os sécs. XIII e XIV, sobre os lugares de bens freqüentemente confiscados de famílias vencidas, muito tempo depois dos começos das comunas, na sociedade Ochollo as praças públicas nos quarteirões e nos subquarteirões se desdobram livremente, como se pertencessem naturalmente ao espaço humanizado dessas montanhas. Todas essas praças públicas, ativas e regularmente ocupadas, contribuem para preparar as assembléias plenas, as que têm lugar sobre o membro mais velho das praças, o *Bekero*, no cume do rochedo que domina o país em toda a sua extensão. A assembléia plena é o verdadeiro lugar da palavra política: suas decisões, adquiridas por consenso, empenham o conjunto dos Ochollo. A publicidade máxima reservada a esse nobre lugar aberto a todos, é reforçada pela ação de "mensageiros", encarregados de pôr em ação as decisões tomadas em comum, que têm estatuto de lei. Para apreciar a originalidade da configuração etíope do Sul montanhoso é preciso saber que as praças públicas, tão familiares aos Ochollo, não existem na maior parte da África do Oeste. Estamos, sem dúvida, pouco e mal informados, mas alguns antropólogos fizeram notar que entre o poder do chefe ou do rei e a sociedade organizada em clãs ou linhagens, não há lugar para aquilo que poderia ser um espaço diferente e como que independente. O chefe, o rei, reúne em sua pessoa todos os poderes disseminados entre as linhagens e os clãs. Seu poder, muito freqüentemente sacralizado, parece não deixar brecha alguma entre sua pessoa coberta de proibições e a sociedade dos clãs e das linhagens que lhe reconhece o privilégio de assegurar a união dos vivos de seu reino com a totalidade das forças visíveis e invisíveis da natureza. São tais sociedades, africanas no caso, que fazem ver como os fundamentos da autoridade régia estão estreitamente ligados aos rituais do poder, rituais muito complexos que mobilizam mais força e energia do que as participações nas assembléias em país Ochollo.

Escrever a lei, fazê-la falar

Evocando furtivamente o vasto continente das realezas africanas, somos tentados a insistir sobre um dado maior dos inícios do político nas cidades gregas de 200 a 500 cidadãos "reunidos em assembléia": antes das primeiras práticas de assembléia não havia figuras da soberania como as que habitam os palácios micênicos e o conjunto formado pelo Oriente Próximo, provedor da tradição mitológica da qual por um lado é herdeira a Grécia de Hesíodo. Os guerreiros homéricos conduzidos por Agamêmnon, o chefe que escolheram para si, não tinham tido necessidade de se tornar regicidas para traçar o círculo da agorá e reconhecer-se mutuamente, o direito à palavra até a contradição aberta. É também por isso que em país grego a publicidade parece estar inseparável da entrada em jogo do espaço da assembléia a partir do qual se define tudo aquilo que é público. Uma agorá, com a vontade de se reunir, significa a participação direta dos cidadãos de pleno direito a tudo o que o político realiza. Nos documentos escritos das primeiras cidades, a agorá se impõe como o lugar em que se delibera, em que se decide, em que se conta os votos. É sobre a agorá e diante dos cidadãos reunidos em assembléia que vem a se dizer, em Creta, por exemplo, que se adota tal pessoa, que se aceita tais bens em caso de herança contestada. É também sobre a agorá que se faz a proclamação de perseguição em caso de homicídio, assim como Draco o enuncia para os atenienses, por volta de 620. A instituição dos tribunais do sangue e o aparecimento de um direito penal em matéria de homicídio vão consideravelmente estender o espaço público e reforçar o campo do político. Com efeito, as primeiras cidades legiferam, estatuem como "nós, cidadãos de tal lugar" sobre o assassínio de um membro da comunidade cívica. Entre 620 e 530, as leis-decisões sobre o sangue derramado são escritas em letras grandes e coloridas sobre estelas erigidas tanto por juvenis cidades da Sicília e da

Magna Grécia da mesma forma que nas cidades continentais, como Argos e Atenas. A questão é capital: se um indivíduo é morto no espaço da cidade, doravante é a cidade, a *polis* ou "a coisa comum" que foi atingida, e é ela que fixa a reparação devida aos parentes e à coletividade. Portanto, como notou Louis Gernet, "a solidariedade cívica está acima da disciplina da família ou da proteção de um patrono". O espaço cívico e público ganha em extensão. Quanto ao assassino, ele torna-se sujeito de direito: um agente que cometeu um crime voluntário ou involuntário, ou premeditado ou ainda um homicídio considerado legítimo segundo a casuística que se estabelece com Draco e Zaleucos. Paralelamente, a cidade vai instituir um espaço de julgamento, espaço público com participação dos cidadãos no júri: o confronto dual entre a acusação e o presumido culpado se desenvolve no domínio do político.

Assembléia sobre a agorá e debatendo diante de si sobre suas próprias questões, umas depois das outras, a cidade grega teria podido escolher prolongar sobre esse terreno suas prática de palavra à maneira, por exemplo, dos habitantes Ochollo, essa outra cultura da palavra. Achou-se que os gregos, vivendo na cidade e cientes dos usos da escritura novamente alfabética, imaginaram fazer dela um instrumento de publicidade, ou seja, permitindo tornar públicas as decisões e as regras da vida em comum para todos os cidadãos que tivessem julgado útil aprender a ler um punhado de letras que permitem tornar visíveis as palavras "colocadas duravelmente" pela maioria da assembléia. "Fazer falar a lei" não é somente uma exigência na Roma antiga, que conferia a uma leitura autorizada o cuidado de tornar a lei eficaz; é igualmente um procedimento dos jacobinos marselheses em 1791 e 1792, zelosos de preservar a faculdade "originária" para o indivíduo cidadão dizer o direito, confiando aos melhores entre eles o cuidado "de fazer falar a lei" no seio das sociedades patrióticas. Em Creta, por 650, a pequena cidade de Dreros manda gravar sobre um bloco de calcário cinza a seguinte frase: "A cidade decidiu: quando alguém tiver sido *Cosme* (a mais alta magistratura) durante dez anos, a mesma pessoa não será mais *Cosme*". O que pode, portanto, significar essa prática de mandar gravar sobre pedras, sobre estelas altas, às vezes com um metro, decisões como as que os drerianos ou regulamentos como o de Quio, estipulando que "a assembléia se reunirá dois dias depois da festa de Apolo"?

Se não considerarmos a hipótese de que tais inscrições públicas teriam sido escritas com a intenção de epigrafistas futuros, devemos crer que essa escritura é claramente política, que ela se destina a publicar, a oferecer materialmente à discussão ou à informação decisões tão importantes como "reunir-se em tal momento" ou então que "o conselho introduzirá uma proposição, e é a maioria da assembléia que decidirá o que ela quer". Desde o séc. VII, pelo menos, a escritura sobre diferentes materiais organiza o espaço público e contribui para modelar o político elaborado pelas práticas de assembléia. É preciso insistir nisto: o regime das primeiras cidades gregas obedece a um modelo voluntarista. Todas as regras, das mais concretas às mais ambiciosas, são sancionadas pelo grupo cívico, explicitamente enquanto ele tem consciência de si mesmo: "Nós, a cidade", "Aprouve ao conselho e à assembléia" etc. A idéia da soberania do grupo sobre si mesmo se alimenta com todas essas decisões publicadas e expostas em lugares chamados "mais visíveis", e em espaços altamente simbólicos como uma agorá, uma acrópole ou ainda os santuários mais importantes da cidade.

Lugares de igualdade e tipos de homem

Um dia, com toda certeza, compreenderemos por meio de quais experiências sociedades desaparecidas inventaram a realeza sagrada e as formas de soberania que balizam a História dos pobres humanos. No momento, segundo o que sabemos, as tentativas espalhadas que visam a estabelecer lugares de igualdade parecem ter sido mais dispersas. Algumas clareiras naturais. Se sabemos pouco a respeito da instituição de um poder régio de origem divina, podemos em troca verificar em uma História próxima como é insólita e culturalmente marcada a afirmação de que "a igualdade de direitos é estabelecida pela natureza". As poucas sociedades que colocamos em perspectiva privilegiando suas maneiras de se reunir em assembléia permitem descobrir alguns dos encaminhamentos pelos quais a noção de indivíduo se transforma onde se constrói um lugar do político. A singularidade dos cossacos – esses "dissidentes" – assim como a originalidade dos Ochollo, brilham em relação a sociedades que da Índia à China ou à África, em geral, não podem imaginar uma reunião ou uma assembléia que fizesse abstração dos estatutos de parentesco, de linhagem e de casta. Qualquer cossaco pode exigir a convocação de uma assembléia; cada um dos Ochollo obtém a palavra que pediu no círculo de que ele faz parte. Em uma e em outra sociedade, a assembléia permite ao orador realizar desempenhos que vão fazer dele um conselheiro ouvido, um chefe de guerra reputado ou um alto dignitário da comunidade. A vontade de se reunir em assembléia para debater questões comuns não leva necessariamente a impor a idéia de um indivíduo dotado de consentimento e provido de direitos e de deveres. O reunir-se voluntário parece, em todo caso, favorecer o surgimento de indivíduos livres e levados à igualdade. Nos meios com vocação guerreira, os procedimentos de tiragem da sorte podem ter sido muito importantes para chegar a se representar cada um como semelhante ao outro enquanto ele recebe uma parte mais ou menos igual. No séc. XVIII, para alguns, a tiragem da sorte deve se apagar diante do procedimento de escolha, porque apenas o indivíduo dotado de consentimento pode legitimar os eleitos e os governantes. A vontade humana permanece estranha à tiragem da sorte. Semelhança e similaridade são certamente operadores de escolha na definição dos modelos de igualdade. Reconhecer-se "semelhantes" como o fazem os espartanos, provavelmente sob o ângulo da formação guerreira, não é a mesma coisa que querer ser iguais diante da lei ou desejar obter uma parte aritmeticamente igual na partilha dos direitos.

Excelência na guerra, excelência no conselho: são valores que o campo do político trabalha e transforma profundamente, segundo as representações do bem comum e da coisa pública. O caminho do voto majoritário parece caminhar no sentido da representação de um indivíduo abstrato que fornece um bom suporte para a idéia igualitária de direito. Em Esparta, onde a comunidade dos Semelhantes parece obedecer à ginástica da igualdade, a regra da assembléia é a do consenso, como no enclave dos Ochollo e no círculo dos cossacos. O voto individual, secreto ou não, a definição de uma maioria, o estabelecimento de um quorum, são dados maiores na organização de um lugar do político, quando ele abre o caminho de sua autonomia e de sua amplitude própria. Podem surgir outros desenvolvimentos que, denunciando a violência da decisão majoritária, confiam à minoria o cuidado de defender o que Pierre Bayle chamara de universalidade dos direitos da consciência privada. Mas, mais próxima das maneiras de se reunir, levanta-se a questão do tipo de homem, de modelos da cidadania e da articulação entre os valores reconhecidos ao indivíduo e os que a comunidade confere em seu lugar do político, quer ele se chame *universitas*, lar público, povo soberano ou, mais modestamente, questões comuns, e até humanas.

As primeiras cidades gregas, muito rapidamente, escolhendo uma orientação no campo aberto do político, empenham-se em esboçar as qualidades do orador ou do cidadão preocupado com o bem-viver-em-comum. Pois não basta que os cidadãos sejam iguais e intercambiáveis, eles devem ser direitos e virtuosos, "carregados", dizia Simônides de Céos, de uma nobreza ajustada à cidade. E, muito rapidamente, a fórmula: "É a cidade que faz o homem", que o instrui, que faz sua educação. Sem que jamais o político na Grécia se apodere da instrução para torná-la pública. O Bom Governo exige certas qualidades. É preciso criar um homem novo? Dar um fundamento virtuoso a esse cidadão particular que deve, dizem os jacobinos, ser e conhecer a Soberania do Povo? Mas os interesses privados, o individualismo gozador, não ameaçam o julgamento e a competência do homem democrático? Sem dúvida, mais que outro, o lugar do político dos Jacobinos recorre ao indivíduo contra o Antigo Regime e seus privilégios e hierarquias. Mas nenhuma configuração do político com vocação igualitária pode evitar a questão do cidadão particular, do indivíduo que sobressai nas práticas do reunir-se em assembléia. Ele não pode ser um homem sem qualidades.

* * *

Para o olhar comparativista, temos aí práticas do reunir-se em assembléia que teriam podido não se produzir ou gerar outras espécies de igualdade. Práticas que podem desaparecer: ao lado de avanços furtivos e de traçados fulgurantes, algumas conquistas, em diversos séculos, parecem definitivas apenas porque se beneficiam do esquecimento e do desvanecimento de outras experiências, inauditas e para sempre apagadas. Onde a História, a dos liceus e das universidades, propõe-nos o percurso apaixonante de nossos gregos até nós, onde inversamente, até sem os acessórios de nossos modernos e de suas facetas, a Antropologia, a que se desperta comparativa a cada manhã, a que se sente plenamente livre de andar de cultura em cultura, de fazer seu mel em todo lugar em que o reunir-se em assembléia brotou e deu suas flores, nos convida, por seu gosto pela dissonância, a colocar em perspectiva sociedades de contrastes, excessivos ou secretos, sem fronteiras de tempo ou de espaço. E por quê? – pois a questão volta desde que o saber se inquieta com a disciplina e com o futuro dela, porque, de início, a colocação em perspectiva de diversas experiências produz na maioria das vezes espaços de inteligibilidade de que os historiadores do político, e até mesmo dos filósofos, conhecem o preço e a tonicidade em seu domínio de reflexão. Em seguida, porque diversos inícios, observados no concreto de seu encaminhamento, autorizam a analisar como no microscópio as componentes das configurações vizinhas e das quais cada uma em seus traços diferenciais permite talvez ao comparativista atento entrever o *clinamen* que marca a fórmula de uma microconfiguração do político entre uma série de possíveis.

OBRAS DO AUTOR

Pós-desconstrucionista, Marcel Detienne pratica a análise antropológica e comparada dos mitos e das sociedades (Johns Hopkins University).

Principais obras

Homère, Hésiode et Pythagore. Poésie et philosophie dans le pythagorisme ancien. Bruxelas, col. "Latomus", t. LVII, 1962.

De la pensée religieuse à la pensée philosophique. La notion de Daïmon dans le pytha gorisme ancien. Paris, Les Belles Lettres, 1963.

Crise agraire et Attitude religieuse chez Hésiode. Bruxelas, col. "Latomus", t. LVIII, 1963.

Les Maîtres de vérité dans la Grèce archaïque. Paris, Maspero, 1967; nova ed. com posfácio, col. "Pocket-Agora", 1994.

Les Jardins d'Adonis. La mythologie des aromates en Grèce. Paris, Gallimard, 1972; nova ed. revista e corrigida com posfácio, 1989.

Les Ruses de l'intelligence. La mètis chez les Grecs (em colaboração com Jean-Pierre Vernant). Paris, Flammarion, 1974; col. "Champs", 1978.

Dionysos mis à mort. Paris, Gallimard, 1977; col. "Tel", 1998.

La Cuisine du sacrifice en pays grec (em colaboração com Jean-Pierre Vernant et alii). Paris, Gallimard, 1979.

L'Invention de la mythologie. Paris, Gallimard, 1981 (ed. Revista, 1987); col. "Tel", 1992.

Dionysos à ciel ouvert. Paris, Hachette, 1986; col. "Pluriel", 1998.

L'Écriture d'Orphée. Paris, Gallimard, 1989.

La Vie quotidienne des dieux grecs (em colaboração com Giulia Sissa). Paris, Hachette, 1989.

Apollon, de couteau à la main. Paris, Gallimard, 1998.

Obras coletivas

Les Savoirs de l'écriture. En Grèce ancienne, M. Detienne (ed.). Lille, Presses universitaires de Lille, 1988.

Tracés de fondation, M. Detienne (ed.). Louvain-Paris, Peeters, 1990.

Transcrire les mythologies. Tradition, écriture, historicité, M. Detienne (dir.). Paris, Albin Michel, 1994.

La Déesse Parole. Quatre figures de la langue des dieux (Inde, Célèbes-Sud, Géorgie, Cuna du Panamá), M. Detienne e G. Hamonic (dir.). Paris, Flammarion, 1994.

Destin de meurtriers, M. Cartry e M. Detienne (dir.). Paris, École pratique des hautes études, col. "Systèmes de pensée en Afrique noire", 1996.

Editoração, impressão e acabamento
GRÁFICA E EDITORA SANTUÁRIO
Rua Pe. Claro Monteiro, 342
Fone 012 3104-2000 / Fax 012 3104-2036